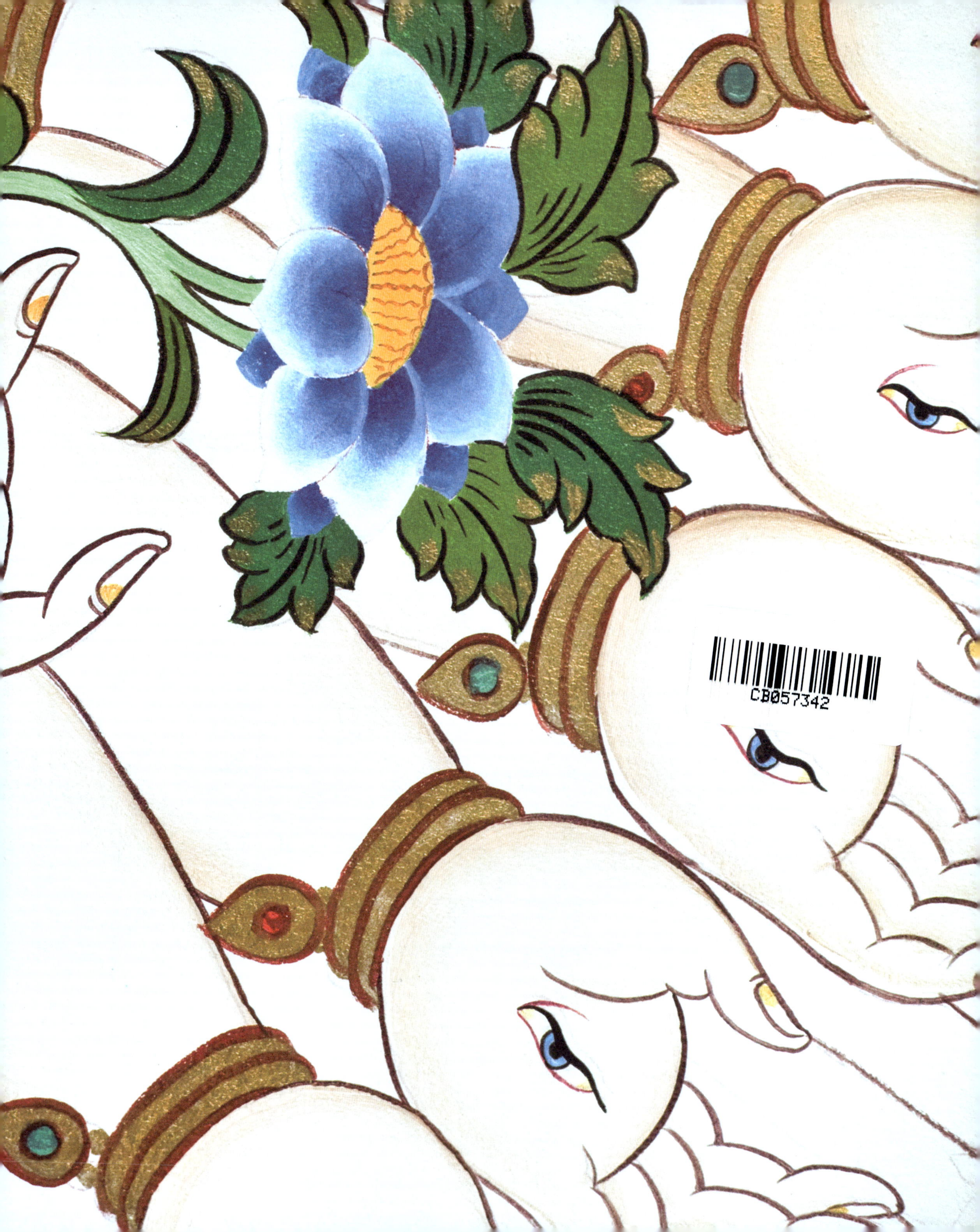

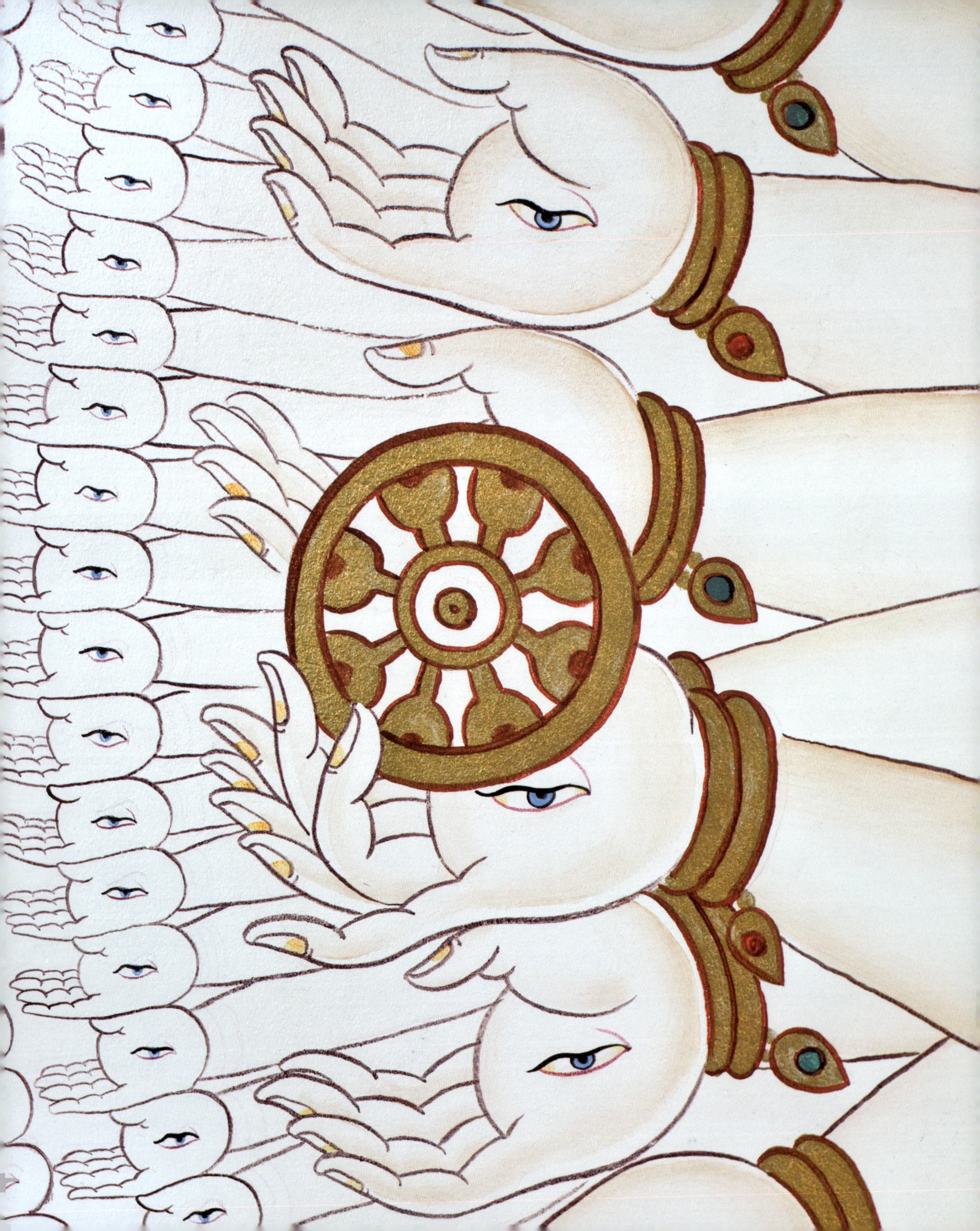

A RODA DA VIDA
como caminho para a lucidez

Lama Padma Samten

Editora: Renata Farhat Borges
Editora adjunta: Luciana Tonelli
Produção editorial: Carla Arbex e Lilian Scutti
Revisão: Jonathan Busato
Tangkas do templo Caminho do Meio: Tiffani Hollack Gyatso & equipe
Ilustrações: Fábio Rodrigues
Caligrafia: Jean Françõis Bodart
Fotos: Guilherme Erhardt & Monique Cabral
Projeto gráfico e diagramação: Mariana Aurélio

Dados Internacionais de Catalogação na Publicação (CIP)
(Câmara Brasileira do Livro, SP, Brasil)

Samten, Lama Padma
A roda da vida: como caminho para a lucidez / Lama Padma Samten.
— São Paulo: Peirópolis, 2010.
ISBN 978-85-7596-182-7

1. Budismo – Doutrinas 2. Felicidade – Aspectos religiosos – Budismo 3. Vida religiosa – Budismo I. Título.

10-06998   CDD-294.3444

Índices para catálogo sistemático: 1. Budismo : Vida espiritual : Religião 294.3444

1ª edição, 2010 | 3ª reimpressão, 2021

Editora Peirópolis

Editora Peirópolis Ltda.
Rua Girassol, 310 f – Vila Madalena
05433-000 – São Paulo – SP
tel.: 55 11 3816-0699
vendas@editorapeiropolis.com.br
www.editorapeiropolis.com.br

sumário

Apresentação 5

Introdução 7

Capítulo I
Um jardim chamado dukkha
A primeira Nobre Verdade 19

Capítulo II
Os fenômenos dançam
Os 12 elos da originação interdependente 35
    1 • AVIDYA 41
    2 • SAMSKARA 47
    3 • VIJNANA 51
    4 • NAMA-RUPA 53
    5 • SHADAYATANA 57
    6 • SPARSHA 61
    7 • VEDANA 63
    8 • TRISHNA 67
    9 • UPADANA 69
    10 • BHAVA 73
    11 • JETI 77
    12 • JANA-MARANA 81

Capítulo III
Dissolução da experiência da Roda da Vida
A quarta Nobre Verdade 85
    1º passo: Motivação 86
    2º passo: Não praticar ações danosas com a mente 88
    3º passo: Não praticar ações danosas com a fala 89
    4º passo: Não praticar ações danosas com o corpo 90
    5º passo: Ação transcendente e compassiva 92
    6º, 7º, e 8º passos: As etapas da meditação 95
    VISÃO, MEDITAÇÃO E AÇÃO 96
    O SENHOR DA RODA DA VIDA 97

Capítulo IV
A perfeição da sabedoria — 101
- SILÊNCIO E LUCIDEZ — 103
- CHENREZIG E OS CINCO SKANDAS — 108
- AS QUATRO MONTANHAS: Nascimento, vida, decrepitude e morte — 109
- INÍCIO DO DIÁLOGO DO SUTRA DO CORAÇÃO — 110
- 1º EXEMPLO: Objeto imaginado — 112
- 2º EXEMPLO: Figura gráfica — 114
- 3º EXEMPLO: Objeto tridimensional — 116
- 4º EXEMPLO: Uma pessoa — 118
- QUATRO NÍVEIS DE EXPERIÊNCIA: A conclusão — 119
- PAISAGEM, MANDALA E REALIDADE DO MUNDO — 120
- SÍNTESE DA ANÁLISE DO PRAJNAPARAMITA — 123
- FACULDADES DOS SENTIDOS E OBSTRUÇÃO — 126
- O MANTRA INSUPERÁVEL — 128
- ENERGIAS — 130

Capítulo V
E ma ho!
Conclusão — 133

Apêndice 1
Os quatro pensamentos que transformam a mente e a mandala da lucidez — 141
- A LINHAGEM — 141
- A CONEXÃO COM O LAMA — 142
- 1º PENSAMENTO: A vida humana preciosa e os seis reinos — 142
- 2º PENSAMENTO: Impermanência — 144
- 3º PENSAMENTO: Carma — 144
- 4º PENSAMENTO: Sofrimento — 146
- REFÚGIO — 146
- REFÚGIO NA MANDALA DO BUDA — 148
- UM BUDISMO LIVRE DE SI MESMO — 148

Apêndice 2
Cultura de Paz — 151
- AS DIFICULDADES — 152
- AS SOLUÇÕES — 153

Índice remissivo de ilustrações — 157

APRESENTAÇÃO

Este livro é um resumo de alguns dos pontos fundamentais da doutrina budista. O budismo é uma tradição filosófica e religiosa extremamente maleável e não sectária, que ao longo de 25 séculos tem se adaptado a diferentes culturas e à evolução da sociedade. Manifesta um só conteúdo em uma infinidade de formas diferentes: temos, por exemplo, o budismo indiano, chinês, japonês, tibetano, coreano, vietnamita, tailandês; além disso, temos subdivisões em escolas.

Como sou um lama ordenado dentro da tradição Nyingma do budismo tibetano, este livro apresenta o pensamento budista basicamente a partir dessa visão. O texto originou-se de ensinamentos proferidos para meus alunos em ocasiões e locais variados. No budismo, temos um enorme apreço pela tradição oral: o Buda explicou toda a sua doutrina em discursos para seus discípulos; os ensinamentos só começaram a ser redigidos cerca de trezentos anos depois. Para os budistas, o estudo dos textos deve ser acompanhado dos ensinamentos orais ministrados por um professor, o guru (ou lama na tradição tibetana em que me incluo), pois todos os mestres de todas as escolas e linhagens fazem parte de diferentes correntes de transmissão que sempre remontam ao Buda. Assim, o professor faz a ligação direta com o Buda.

A presença do professor também é importante porque ele deve representar não só o conhecimento teórico, a doutrina, mas especialmente a prática. O Buda disse que ninguém deveria aceitar suas ideias baseado na fé; o praticante deve testar os ensinamentos na prática e ver se são úteis e funcionam. Seus ensinamentos originais deram origem a uma religião extremamente sofisticada em termos filosóficos, que Sua Santidade o Dalai Lama resume ao seguinte: faça o bem sempre que possível; se não puder fazer o bem, tente não fazer mal. É isso que todo budista deve fazer em sua prática em busca da iluminação.

Assim, além de explicar o que pensam os budistas, abordo o que um praticante budista pode fazer no cotidiano dentro de uma visão de responsabilidade universal e cultura de paz. Afinal, hoje mais do que nunca, todos os humanos precisam fazer a sua parte para o bem-estar individual e social, e para a preservação do planeta.

Na minha experiência em encontrar grupos tenho percebido o grande benefício que a compreensão profunda e detalhada da operação do mundo mental mágico das pessoas, dos outros seres e também das organizações pode trazer a eles mesmos. Parece-me que estamos vivendo o tempo maravilhoso do encontro de tantas tradições de conhecimento que se potencializam mutuamente e permitem uma progressiva harmonia, que espero no futuro surja como uma genuína cultura de paz, ludicidade e felicidade. É o tempo em que a compreensão da magia do mundo interno potencializa a compreensão da magia do mundo externo, e vice-versa.

Ainda que esse livro possa ser útil aos budistas, aspiro de coração que possa ser entendido em âmbitos mais amplos como uma contribuição não religiosa e não sectária, de mero bom senso, que venha a ressoar internamente com a sabedoria e a lucidez natural de cada um.

Agradeço à Sanga dos vários Centros de Estudos Budistas Bodisatva pelo trabalho de organização e transcrição dos ensinamentos que deram origem a esse texto, a Brenda Neves pela compilação e organização parcial das várias partes que o formaram e a Lúcia Brito por ter dado forma final ao texto. Agradeço também a Tiffani Rezende pelo trabalho maravilhoso das pinturas do Templo do Caminho do Meio em Viamão, RS, de onde as imagens que compõem este livro foram retiradas, e a Lucyana Fraga e Cinthia Sabbado pela participação preciosa no trabalho da Tiffani. Agradeço ainda a arte de Mariana, que concebeu e executou a parte gráfica deste livro, e a Guilherme Einhardt e Monica, que foram capazes de, com suas máquinas fotográficas, extrair habilmente as imagens das paredes para colocá-las nestas páginas.

Lama Padma Samten,
março de 2010.

INTRODUÇÃO

A apresentação do budismo neste livro fundamenta-se na atitude de responsabilidade universal, ou o desenvolvimento consciente de um bom coração. O tema é enfatizado por Sua Santidade o Dalai Lama, um defensor do não sectarismo e do diálogo entre todos os povos, culturas e religiões. Sua Santidade sempre ressalta que sua intenção não é converter pessoas de outras religiões ao budismo, mas propor as ideias budistas para o bem-estar individual e redução das tensões sociais.

O praticante budista não sai do mundo, ele atua a partir da perspectiva de ajudar todos os seres. A noção de um bom coração é a base que sustenta a motivação budista durante todo o processo de observação e purificação, e que, ao final, faz com que o praticante volte-se para a realidade cotidiana com o propósito inabalável de realizar ações positivas no mundo.

No budismo fazemos um voto de nunca nos afastarmos da vida, nunca nos afastarmos do interesse pelos outros, mas, ao contrário, viver em conexão com todos os seres, buscando trazer benefício a eles. O Buda meditou durante seis anos e, após atingir a iluminação, dedicou-se por 46 anos a cuidar dos seres e dar ensinamentos para ajudá-los a encontrar a felicidade e se liberar do sofrimento.

O Buda teve quinhentos grandes discípulos, e é por essa razão que o budismo espalhou-se por vários países. Isso ocorreu há 26 séculos. Ele era um príncipe chamado Sidharta Gautama. Seu pai, rei dos Shakyas, mantinha-o cercado de luxo, pretendendo que o filho sucedesse-o no trono. Mas o jovem príncipe tinha uma visão espiritual aguçada, e compreendeu que, independente das condições de vida, todos os seres estão presos na experiência cíclica. Ele teve a intuição de que era possível ultrapassar o samsara, a existência condicionada, mas não conseguia ver como. Então abandonou a vida na corte e se dedicou a ouvir ensinamentos e a meditar. Após seis anos, atingiu a compreensão; sua mente tornou-se inteiramente clara e desperta, iluminada.

O budismo surge da experiência de Sidharta Gautama, o Buda Shakyamuni. A essência do budismo é passar sua experiência, não apenas seu conhecimento e métodos. Porque ela permite que o conhecimento do Buda aflore — e aflore de forma diferente em cada cultura, em cada época, com diferentes métodos, sem perder ou alterar sua essência.

OS TRÊS NÍVEIS DE COMPREENSÃO E A PRÁTICA DOS ENSINAMENTOS

A base dos ensinamentos budistas são as 4 Nobres Verdades: a verdade do sofrimento, a verdade da origem do sofrimento, a verdade da cessação do sofrimento, e a verdade do caminho que leva à cessação do sofrimento. Ao estudarmos a primeira Nobre Verdade, vemos a questão de dukkha, de que felicidade e sofrimento são inseparáveis na existência cíclica. Na segunda Nobre Verdade, constatamos que todas as situações são construídas, são artificiais. A terceira Nobre Verdade aponta para a possibilidade de transcendermos essas situações: podemos ultrapassar a existência cíclica de nascimento, sustentação da vida, decrepitude e morte.

A quarta Nobre Verdade ensina o caminho para a liberação, o Nobre Caminho de Oito Passos, que começa com a motivação correta e prossegue com a redução do impacto do sofrimento sobre os seres. A seguir, ampliamos nossa capacidade de ajudar os seres e desenvolvemos as habilidades de meditação. Dentro dessas habilidades, vamos até o ponto de compreender a natureza ilimitada de todos os fenômenos, internos e externos.

Toda a explicação teórica está no nível que chamamos de visão. Precisamos transformar cada um desses itens em uma forma de meditação, pois existe uma distância entre entender uma coisa e conseguir transformar essa compreensão em algo vivo na nossa experiência de mundo. Essa é a função da meditação. Quando a meditação estabiliza a compreensão, tornando-a viva como uma prática em nível de corpo, energia, mente e paisagem (ou mandala), passamos para a terceira etapa, da ação.

Tendo compreendido e praticado os ensinamentos nos três níveis, os conteúdos continuam os mesmos, mas agora, quando pensamos na primeira Nobre Verdade (sofrimento), não pensamos mais de forma teórica. Passamos a ter uma experiência imediata, incessante. Não pensamos: "Oh, que pena isso, que pena aquilo!", para a partir daí elaborarmos pensamentos até o ponto de podermos entender de forma mais profunda. Quando estamos no nível de ação, tão logo as situações surgem, brotam de forma natural a compreensão correta e a sabedoria de como agir adequadamente.

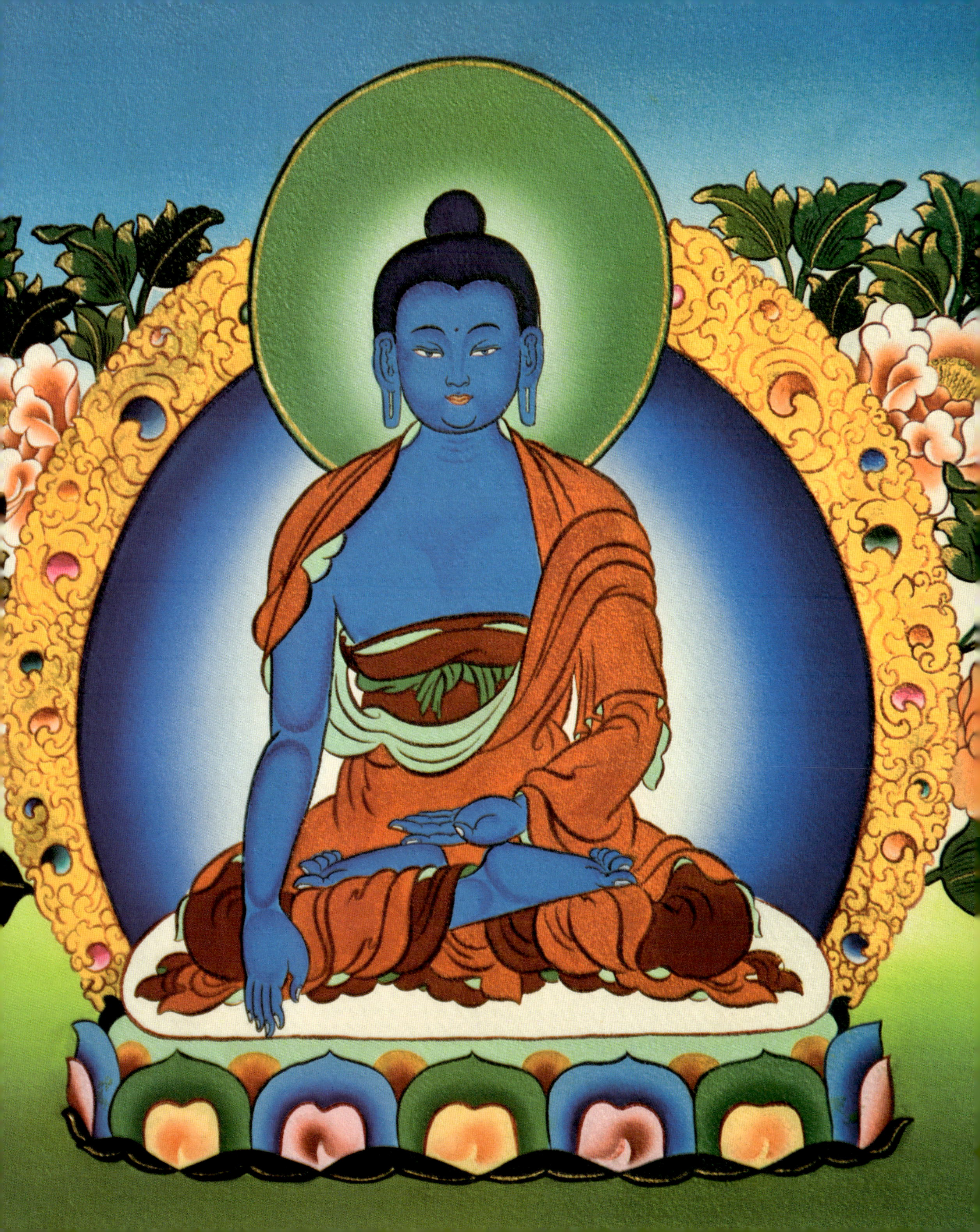

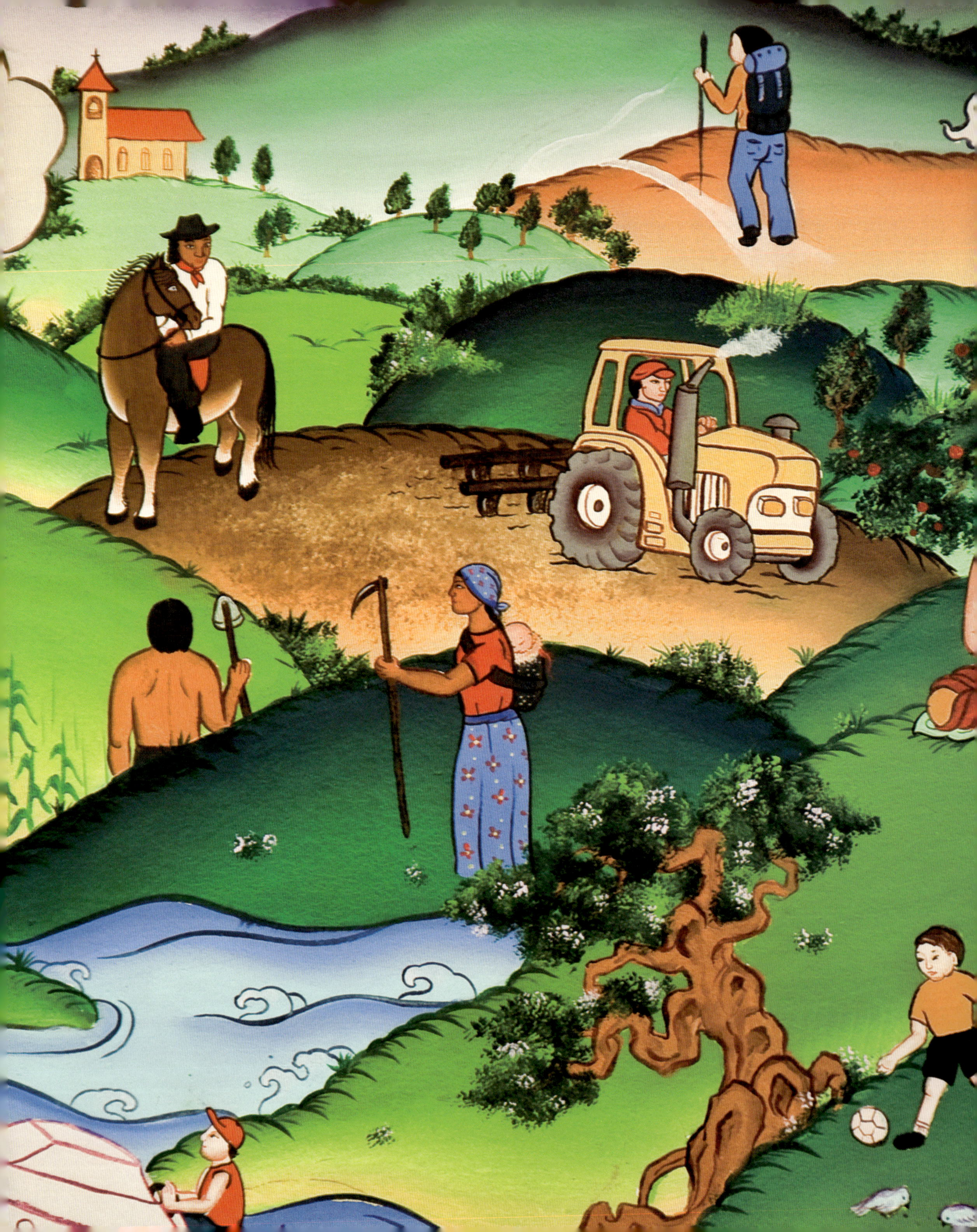

Lembro de meu mestre, Sua Eminência Chagdud Tulku Rinpoche, que, por uma natural humildade, dizia: "Sou como um vaga-lume. Essa luz se acende e se apaga, se acende e se apaga." Se ele, que era um mestre com reconhecida sabedoria e prática, se achava um vaga-lume, o que diremos nós? Somos como velas de natal, que só se acendem uma vez por ano. Mas ele afirmava: "Existem mestres que são como faróis, que têm a luz incessantemente acesa, orientando a todos os seres." Só ouvir isso já nos conforta e nos deixa felizes, porque prova que é possível. Com corpo ou sem corpo, existem faróis incessantemente ligados, servindo de referencial para todos nós.

Esse foi um exame resumido do caminho em seus três níveis. Tudo que formos aprender no budismo estará em algum ponto desse roteiro.

A AÇÃO COMO INÍCIO E FIM DO CAMINHO

Os níveis de visão, meditação e ação não ocorrem um de cada vez ao longo da vida, estão sempre embolados uns nos outros, sucedendo-se ao mesmo tempo. Quando saímos da sala de meditação, gostaríamos de poder manter a tranquila visão meditativa. Para isso, precisamos do nível de ação.

O nível de ação é curioso. Ele surge a todo momento na vida cotidiana, quando nos deparamos com desafios. Surge como se fosse o nível mais sofisticado e, simultaneamente, o mais introdutório. Isso se deve ao fato de termos um processo cíclico natural: quando chegamos ao final de algo, recomeçamos.

Na tradição do budismo Zen japonês, isso é ilustrado com os quadros do touro. Os quadros explicam que, inicialmente, a pessoa vive no mundo de forma aleatória. Depois, vê as pegadas do touro no chão, mais adiante a ponta do rabo. Ou seja, descobre que existe algo profundo em algum lugar. Lentamente, ela fica dominada por aquilo e vai à procura do touro. Mas o touro foge. Por fim, há um momento em que se consegue laçá-lo, montá-lo e seguir com ele para todos os lugares.

O touro é a nossa mente. A pessoa descobre, domina e pacifica a mente. Depois, abandona a mente condicionada e repousa diante da lua, ou seja, contempla a natureza ilimitada, que está além da mente comum e das coisas comuns. Quando conclui a etapa de contemplação da natureza ilimitada, ela se levanta e entra no mercado da cidade, para conviver com as pessoas que lá estão. Essa é a última etapa. A pessoa não vai viver no mundo da lua, nada disso. Ela vai retornar ao mercado, ao mundo.

Essa é a etapa de ação. Onde a pessoa vivia antes? No mercado. E onde chegou depois de todo o processo? Ao mercado! Assim, a última etapa é o retorno à primeira. Mas a pessoa que retorna ao mercado não é mais uma pessoa comum, não vai mais agir de forma comum.

INÍCIO DO CAMINHO BUDISTA: A CULTURA DE PAZ

Se olharmos a etapa de ação budista de modo introdutório, curiosamente veremos que é o estabelecimento de uma cultura de paz. Sua Santidade o Dalai Lama transita por todos os lugares falando de cultura de paz: "Sejam boas pessoas, não sejam pessoas más; façam o que é favorável, não façam o que é desfavorável." Isso parece muito simples, mas é a etapa de ação no mundo, que significa interagir com as pessoas, falando aquilo que está ao alcance delas.

Compreender o ponto onde as pessoas estão é que pode propiciar benefícios. Se elas têm fome, é preciso dar comida. Se estão com frio, é abrigo que vamos oferecer. Se estiverem doentes, deve-se proporcionar algo para tratar a doença. Fazemos essas atividades específicas sem perder de vista o caminho como um todo e suas diversas etapas. Essa é a abordagem da cultura de paz.

O budismo, juntamente com todas as outras tradições religiosas, é chamado a responder aos desafios sociais no mundo. O que fazer? Dentro desse âmbito vamos encontrar também a noção de visão, meditação e ação. A etapa que diz respeito à responsabilidade universal corresponderia à "visão", desenvolver a percepção de que vivemos integrados com todos os demais humanos, e também com o meio ambiente do planeta; por isso, cuidar dos outros e do ambiente é cuidar de si mesmo. Na etapa de "meditação", a visão de responsabilidade universal passaria de pensamento teórico a um sentimento natural, levando à "ação" correspondente em benefício de tudo e todos.

Sobre a etapa da ação, ou dos meios hábeis, a tradição Zen diz que a realização é completa, mas aumenta sempre, pois os grandes discípulos vão além de seus mestres. Todos os Budas do passado conquistaram a iluminação completa, mas pode-se dizer que ela aumenta com o tempo, porque as complicações do samsara também aumentam constantemente. Na medida em que a dificuldade aumenta, é necessário aumentar não a profundidade, mas o número ou a forma de meios hábeis para resgatar os seres do nível de complicação em que se encontram.

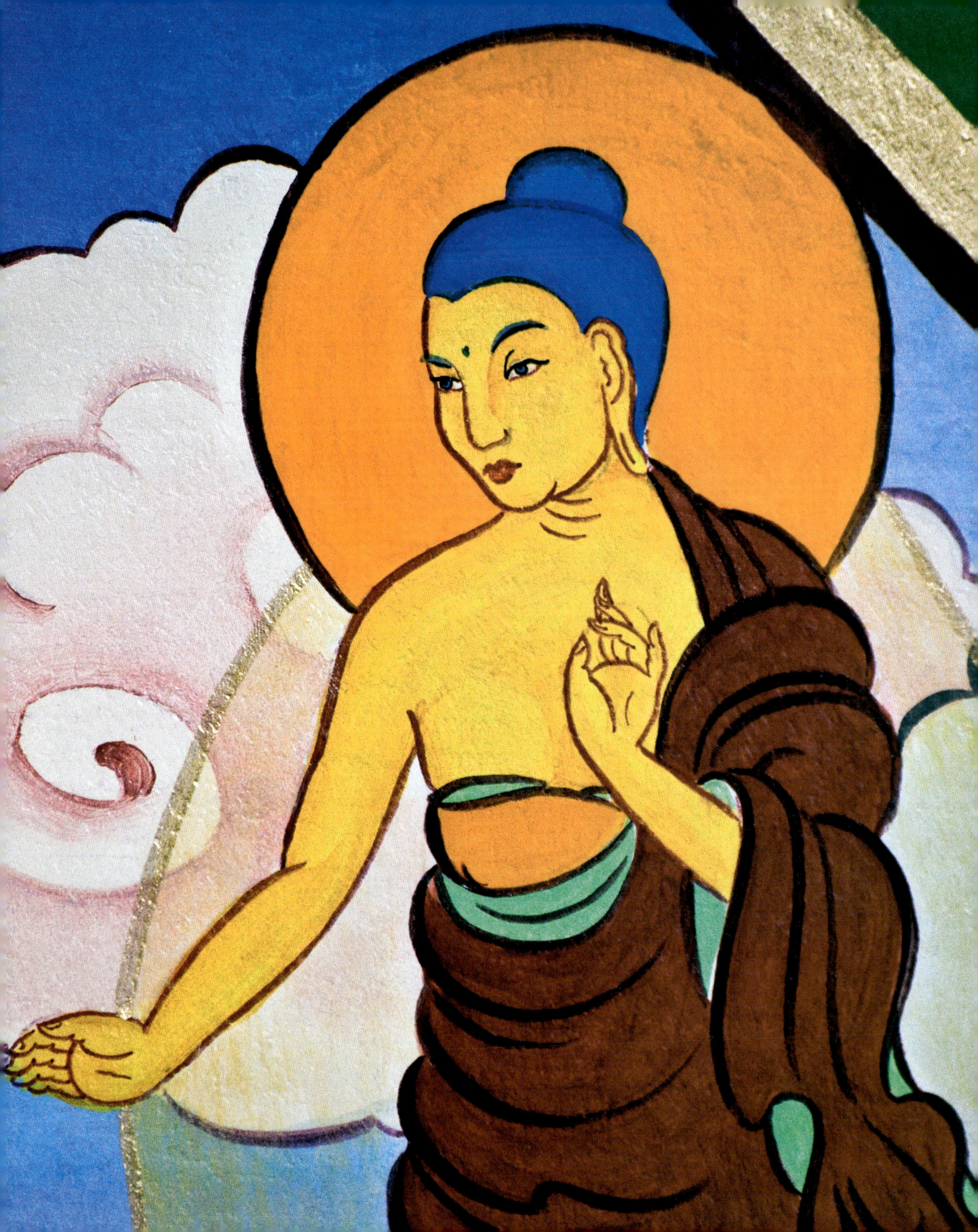

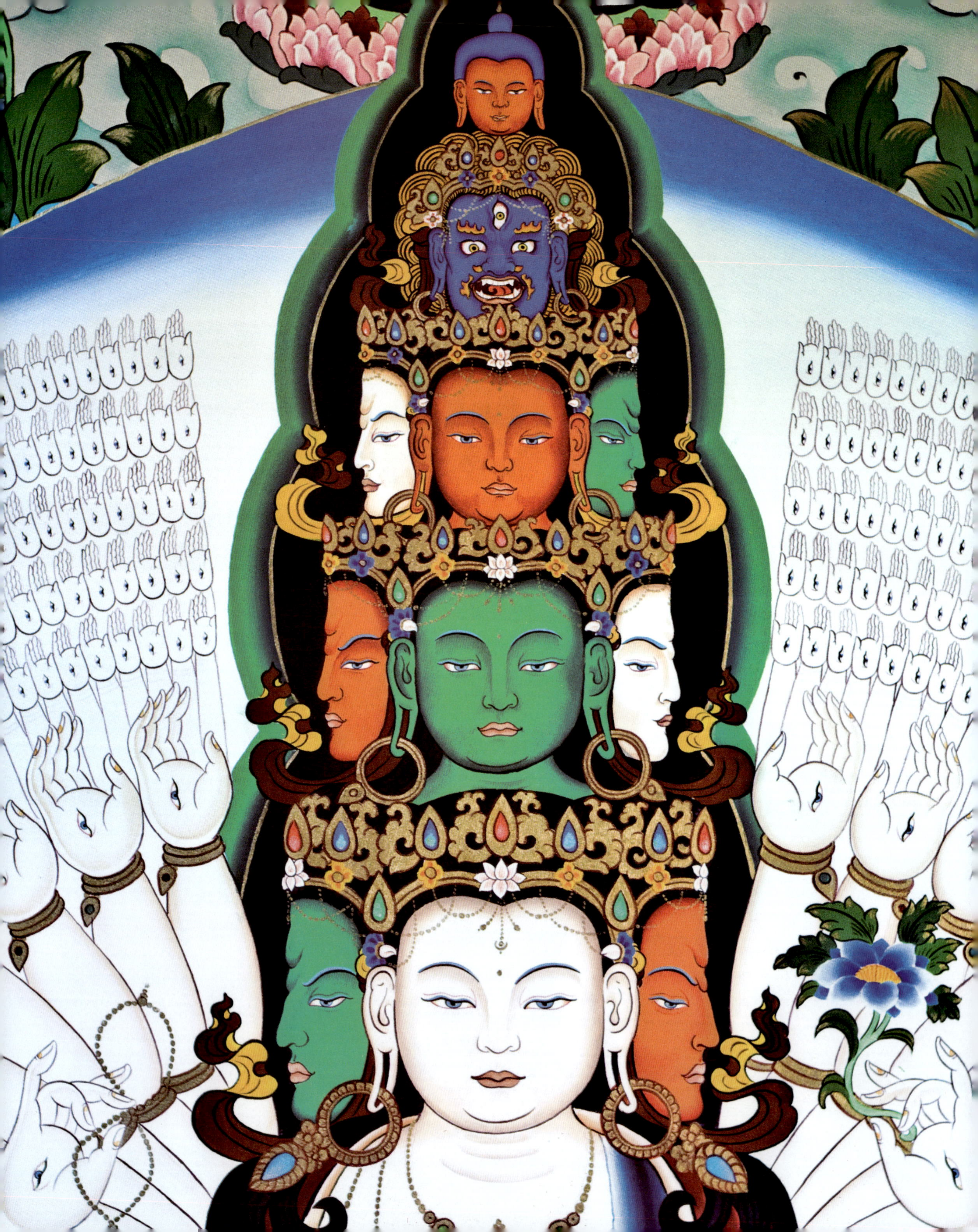

OUVIR OS SONS DO MUNDO

Dentro da visão budista, essa etapa de ação em favor da cultura de paz (o benefício de todos os seres) equivale à manifestação de Chenrezig (ou Avalokiteshvara), o Buda da Compaixão. Chenrezig é a deidade básica de Sua Santidade o Dalai Lama, e se diz que ele é uma emanação de Chenrezig que circula pelo mundo para ajudar os seres.

Existem várias deidades no budismo, que representam as diferentes formas de ação da mente iluminada dos Budas. A partir dessas diferenças, pode-se dizer que alguma deidade seja a principal. Eu tenho a tendência de pensar que a deidade mais importante seja o Buda Primordial, Kuntuzangpo ou Samantabhadra, porque representa a qualidade de iluminação que cada um de nós sem exceção possui, e que faz de todos os seres senscientes um Buda em potencial. A natureza de buda é a verdadeira natureza de todos os seres senscientes. É o absoluto. Nos Budas, a natureza fundamental está plenamente desperta. Eles fazem coisas diferentes, mas todas as suas ações estão unificadas pela perspectiva de Kuntuzangpo.

Ainda que o absoluto esteja sempre presente, a imensa maioria das pessoas não é capaz de reconhecê-lo. As pessoas veem apenas a sua experiência comum de mundo. Por isso, embora o Buda Primordial seja muito importante, por ser tão sutil e tão extraordinário é pouco entendido e pouco visto. Ainda que sua capacidade de gerar benefícios seja vasta e incomensurável, é difícil para nós vermos Kuntuzangpo em ação e entrar em harmonia com ele. É como se nossos olhos não o alcançassem.

Do extraordinário Kuntuzangpo ou Samantabhadra emanam os cinco Dhiani Budas: Akshobhya, Ratnasambhava, Amithaba, Amoghasiddhi e Vairochana. Quando pensamos em Amithaba, nos alegramos. Ele nos ensina a ficar em silêncio, e através dele nos conectamos à deidade última. É a porta que nos permite acessar a natureza última.

Podemos ver o Buda Amithaba por todos os lados. Por exemplo, a família Padma (Lótus) que meu mestre Chagdud Rinpoche trouxe para o Brasil é a família do Buda Amithaba. O nome que me deu é Padma Samten, o que significa que eu pertenço à família Lótus, e que vou me manifestar no mundo conectado ao processo pelo qual Amitabha oferece seus ensinamentos, que é essencialmente a meditação em silêncio. Samten, aliás, é meditação. Ou seja, meu nome pode ser entendido como Meditação do Lótus. Então, essa é minha função.

Agora, mesmo Amithaba é muito sutil para a maior parte das pessoas. Elas sentam em silêncio, mas suas mentes ficam girando, fazendo planos, e a meditação não rende muito. Por isso, Amithaba emana o Buda da Compaixão, Chenrezig. O Buda da Compaixão já é diferente. Ele não fica sentadinho esperando que os outros olhem para ele. Chenrezig vai ao mundo, ouve os sons do mundo e interage com as aparências do mundo. Isso corresponde exatamente à etapa de ação que estamos abordando. É o patrono de todas as deidades, de todos Budas, de todos os mestres, de todos os bodisatvas, de todos os seres que andam no mundo, seja qual for a aparência que tiverem, para interagir com as pessoas e ajudá-las a superar seus sofrimentos.

O mestre mais reverenciado no Tibete é Padmasambhava, conhecido como aquele que nasceu sobre um lótus, um Buda. Padmasambhava é inseparável de Chenrezig; ele também representa esse ideal extraordinário de andar pelo mundo de forma lúcida, e ir até os seres para ajudá-los e lhes trazer benefícios.

Quando as pessoas entendem a visão e meditam, chegam ao ponto de desenvolver a aspiração de trazer benefícios aos outros seres. Com essa aspiração, encontrarão meios hábeis, de acordo com os obstáculos que surgirem. Os meios hábeis são manifestações de Chenrezig e podem se expandir continuamente. Quando dizemos que "a meditação se completou", significa que vemos de forma perfeita o Buda Amithaba. No entanto, isso não limita a expansão dos meios hábeis; podemos continuar encontrando outras formas de socorrer e beneficiar as pessoas nas suas dificuldades. É por isso que dizemos: ainda que a iluminação seja completa, ela aumenta sempre. O nível de ação pode aumentar incessantemente.

REALIDADE VISTA PELA VACUIDADE

Nos tempos atuais, precisamos de meios hábeis para exercer ações positivas. Os grupos budistas têm uma forma particular de ação que consiste, por exemplo, em ter um local e horário para ouvir ensinamentos, fazer prática meditativa e, a partir disso, promover mudanças na vida pessoal. No entanto, não precisamos nos limitar a esse processo. Existe um grande número de pessoas, em diferentes lugares, com aflições variadas. Em vez de esperarmos que as pessoas entrem pela porta da nossa sala, podemos "ouvir os sons" e ir ao encontro delas.

Precisamos olhar os problemas dos indivíduos e da sociedade de forma ampla, o que envolve tecnologia, educação, atividade econômica, sistema judiciário, todas as esferas. Temos que pensar em termos globais, o que remete à noção de responsabilidade universal, como Sua Santidade o Dalai Lama tem enfatizado.

No budismo, a percepção da realidade fundamenta-se na compreensão da vacuidade. Enquanto todos os demais grupos religiosos consideram o mundo sólido na forma como se apresenta, nós consideramos o mundo inseparável dos olhos do observador. A compreensão ainda que parcial da vacuidade é essencial para se entender no que os budistas acreditam e como veem todos os fenômenos. O texto clássico para o estudo da vacuidade é o Sutra do Coração, o Prajnaparamita.

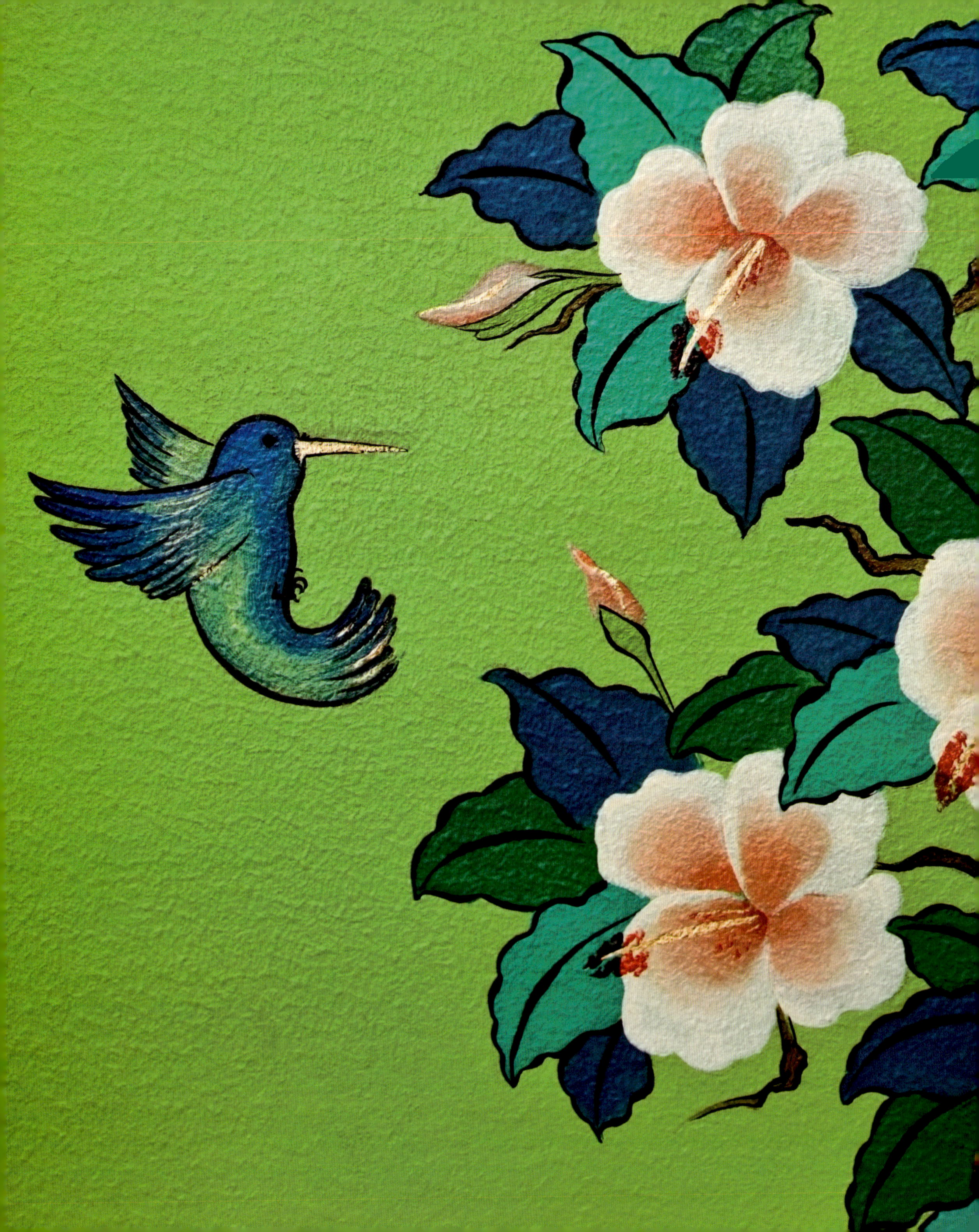

UM JARDIM CHAMADO DUKKHA

CAPÍTULO I | 19

A PRIMEIRA NOBRE VERDADE

Como prática filosófica e religiosa, o budismo elucida as angústias humanas apontando o engano de tomarmos elementos impermanentes como causa de nossa felicidade. A primeira Nobre Verdade diz que, ao esquecermos de nossa natureza absoluta, ficamos impossibilitados de conquistar a harmonia.

Dukkha pode ser entendido como as paredes que nos isolam e nos conduzem para uma realidade à parte. O termo em geral é traduzido como "sofrimento", mas na verdade não há um correlato específico para essa palavra sânscrita nos nossos dicionários. Dukkha é uma forma de olhar o mundo, um estreitamento da visão, ou melhor, são as aflições que sentimos ao perdermos a capacidade natural de reconhecer a dimensão ilimitada do espaço diante dos nossos olhos.

Quando encostamos o dedo em uma brasa quente, sentimos dor; sem esse aviso originado da inteligência natural do nosso corpo, acabaríamos sem a mão. Do mesmo modo, sem dukkha não nos daríamos conta dos estados confusos de nossa mente.

A aflição intensa nos põe em contato direto com nosso carma. No budismo, carma quer dizer ação — um tipo específico de ação que se repete indefinidamente, formando as estruturas aparentemente sólidas daquilo que podemos perceber como as grades de nossas prisões. Por exemplo, volta e meia encontro com alguém que fuma. Às vezes a pessoa já não está bem de saúde, e diz: "Não quero nem ir ao médico porque ele vai dizer que devo parar de fumar, e eu não vou parar." Como se vê, as pessoas não conseguem se proteger de si mesmas.

Tudo se passa como se estivéssemos batendo leite para produzir manteiga. Repetimos um movimento de forma distraída, por vezes sem conta, até que finalmente aquilo que era fluido se torna cremoso, denso. Do mesmo modo, movimentamos nossa energia sempre em uma determinada direção, até que acabamos por esquecer a liberdade que nos possibilitou iniciar o processo. Ficamos presos em algum ponto, somos fisgados. E seguimos distraidamente recriando as causas e condições de nosso sofrimento.

Algumas vezes ouvimos uma pessoa rica, bonita e famosa queixar-se de que sua vida parece vazia, sem sentido. Ela pode inclusive fazer uso de remédios para cuidar daquilo que modernamente nos habituamos a chamar de "depressão". Um tipo de desordem física e sutil, na qual perdemos o sono durante a noite e nos arrastamos durante o dia no labirinto de nossos pensamentos e emoções negativas.

Esse é apenas um dos aspectos de dukkha. Dentro da roda da existência cíclica, representada pela figura de Maharaja, até mesmo a experiência de felicidade é entendida como permeada de sofrimento, como o óleo permeia a semente de gergelim. Por exemplo, mesmo que possua riqueza suficiente para viver em fartura por várias vidas, uma pessoa jamais vai dispor de tal facilidade, pois nenhuma riqueza é capaz de gerar as causas e condições para a suspensão da velhice e da morte.

A experiência cíclica é construída e se mantém como uma reprodução incessante de formas variadas a partir da mente. Nos ensinamentos,

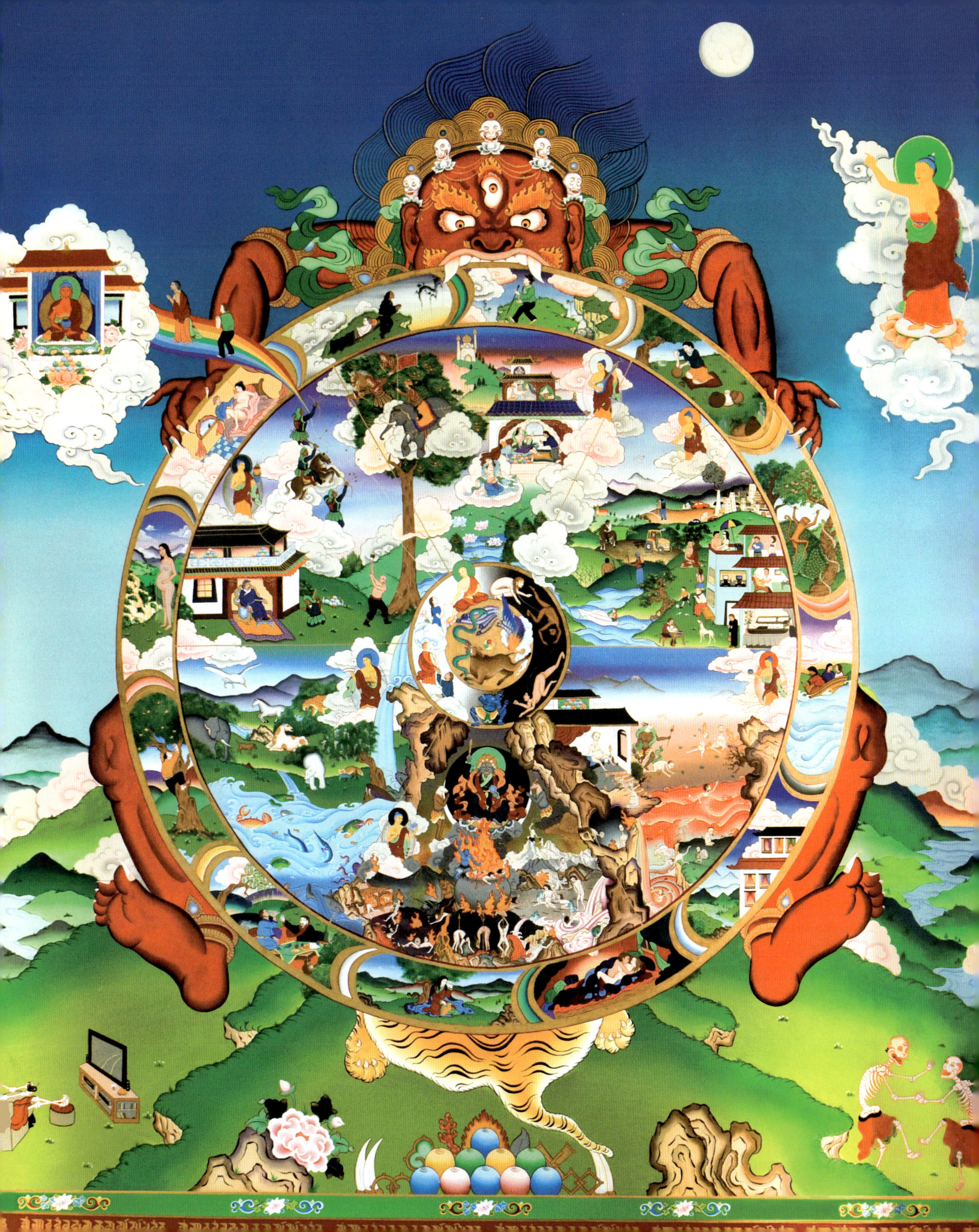

essa sabedoria é apresentada como a segunda Nobre Verdade. Quando olhamos tais formas ou elementos aparentemente externos, vemos que surgem como experiências inseparáveis de estruturas internas da mente. Ao trocarmos essas estruturas, os objetos trocam de sentido na nossa frente. Nossa experiência de mundo se transforma completamente.

Loka é o nome que damos a esses mundos aparentemente externos, mas que são experiências inseparáveis das estruturas da mente. Não existe experiência que não tenha uma estrutura de possibilidades previamente desenhadas. Não conseguiremos encontrar nenhum elemento independente de alguma estrutura interna da mente que produza seu significado.

É na estrutura interna da mente que dukkha se instala e opera, gerando os mais diversos tipos de aflições. Sofremos incessantemente, ora por possuir algo que não queremos, por temer perder aquilo que conquistamos, por não ter aquilo que aspiramos, por ter perdido o que nos esforçamos para obter. Sofremos sem nos dar conta de que, devido à estreiteza de nossas bases internas, nas quais os pensamentos repousam, qualquer forma acaba por adquirir qualidades muito sólidas e pesadas. Não mais vislumbramos nenhuma possibilidade de abertura ou flexibilidade. Nos sentimos sufocar ao nos depararmos com as mudanças inevitáveis de nossa posição, tanto no espaço como no tempo.

De uma maneira usual, seguimos atribuindo aos objetos, percebidos como externos e, portanto, como se fossem independentes das nossas estruturas mentais, uma força tremenda no sentido de nos prejudicar ou agradar. Nossos esforços seguem sempre em uma única direção, buscando alterar e controlar as condições externas a fim de nos livrarmos o mais rapidamente possível do sofrimento em sua forma usual, sem reconhecê-lo como construído por nossa própria mente, ou seja, como dukkha. Ficamos por demais distraídos nessas atividades infindáveis e não mais percebemos o quanto nossos olhos estão doentes.

Dessa forma, chegamos ao ponto de entender que deveríamos cuidar de nós mesmos. Qual é o obstáculo? O obstáculo somos nós mesmos. Mas não há um "nós mesmos" que esteja contra "nós mesmos." Se olharmos com cuidado, veremos estruturas de respostas que manobram a energia dentro de nós. Privilegiamos a linguagem discursiva, mas a linguagem verdadeira é a linguagem da energia, a linguagem sutil em que o mundo opera. O mundo não troca palavras, o mundo se movimenta pelo sinal das energias, e o carma se manifesta nessa linguagem. Quando o carma se manifesta, ele nos impulsiona. Temos muita dificuldade de lidar com isso porque, sempre que uma energia brota claramente em certa direção, achamos que precisamos simplesmente segui-la. E é o processo pelo qual o carma nos domina: o carma movimenta energia.

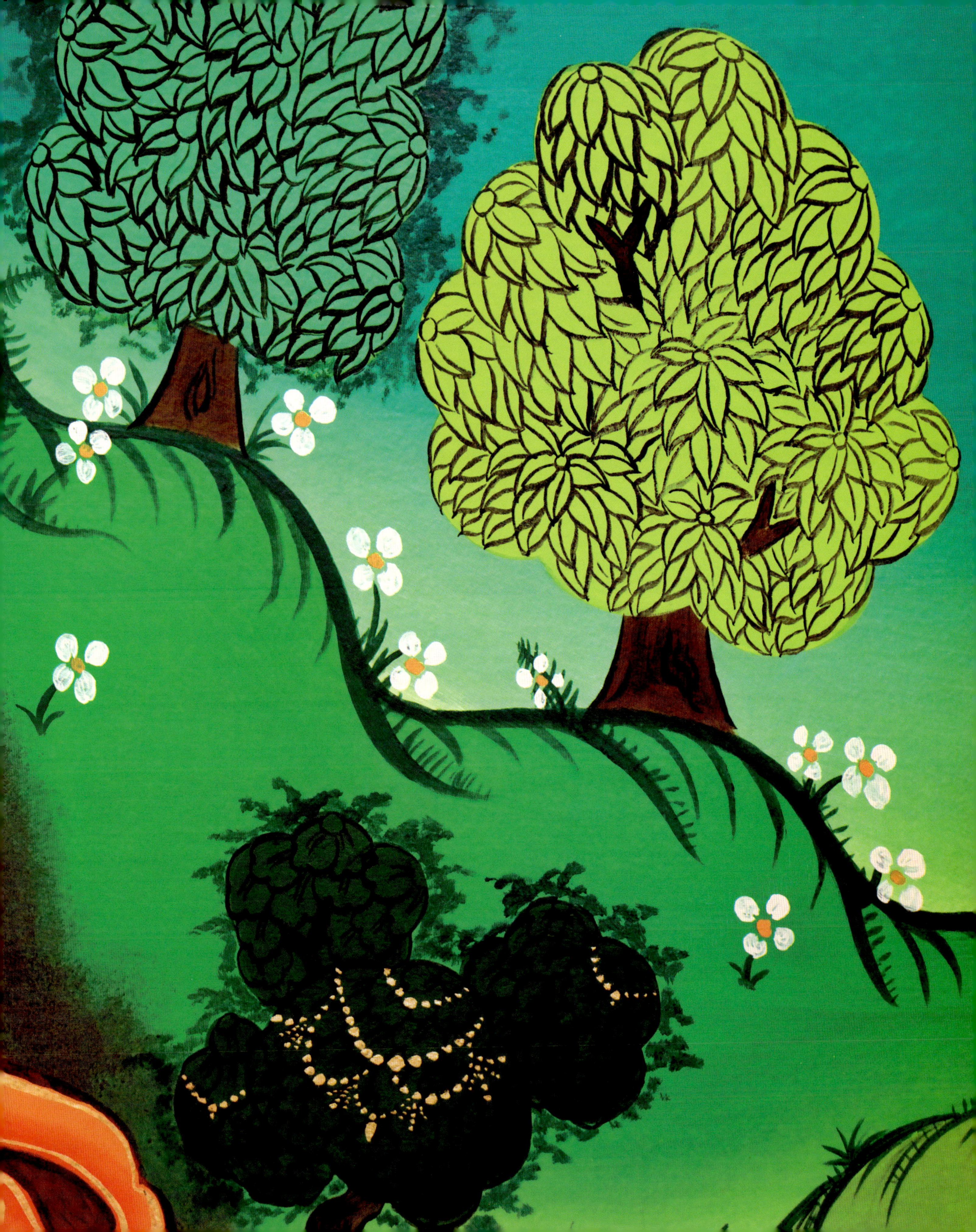

A primeira Nobre Verdade ensina que a realidade é permeada pelo sofrimento, e a segunda Nobre Verdade afirma que o sofrimento é construído através de causas e condições. Mas como isso ocorre?

Voltando à imagem da Roda da Vida[1] e observando seu centro, deparamos com três animais: um javali, um galo e uma cobra, que representam componentes de nossas diversas identidades. São formas de inteligência que constroem e sustentam as identidades. Também são designados como os três venenos da mente: a ignorância, o desejo/apego e a raiva. O javali é a forma da identidade que assumimos, o galo é a inteligência que rege a ação incessante que esse javali promove para se manter, e a cobra é a inteligência de defesa agressiva que está sempre pronta, aguardando o momento de alguma necessidade. Essas inteligências operam como aspectos cognitivos, mas atuam especialmente como energias em ação. Sua manifestação parece completamente natural e familiar, ainda que seja construída e artificial. São inteligências que, por meio da prática budista, reconhecemos como limitantes e artificiais.

Dukkha pode então ser compreendido como o sofrimento oriundo do estreitamento da visão e da frustração oriunda do esforço ineficaz. Tudo se passa como se um raio tivesse partido nossa natureza básica, como se ela estivesse esfacelada, tivesse deixado de existir e de ser vista, e ficássemos colando pedaços, tentando construir a realidade verdadeira a partir da artificialidade da operação da mente.

Essa mesma matriz não só cria uma determinada forma individual para nos manifestarmos no mundo, o javali, como também gera as mais diversas "inteligências" (métodos) para conservar a si mesma, para tentar reunir o que se partiu, para se manter fora do alcance de Maharaja (o senhor da Roda da Vida, ou seja, a impermanência). Há um embate sem fim, que os budistas designam como o jogo neurótico e sem saída do samsara. O que a matriz ou a luz dos nossos olhos projeta sobre as formas contém uma predisposição inconsciente no sentido de controlar os fenômenos, de impor-lhes o seu próprio ritmo e dimensões. Nesse sentido, dukkha pode ser percebido como uma sensação pesarosa de perder a batalha, vez após vez, pois nenhuma identidade parcial, composta e dependente de causas e condições poderia repousar acima da natural transitoriedade de tudo que é criado artificialmente.

> "Como prática filosófica e religiosa, o budismo elucida as angústias humanas apontando o engano de tomarmos elementos **impermanentes** como causa de nossa felicidade."

[1] Veja pg. 21.

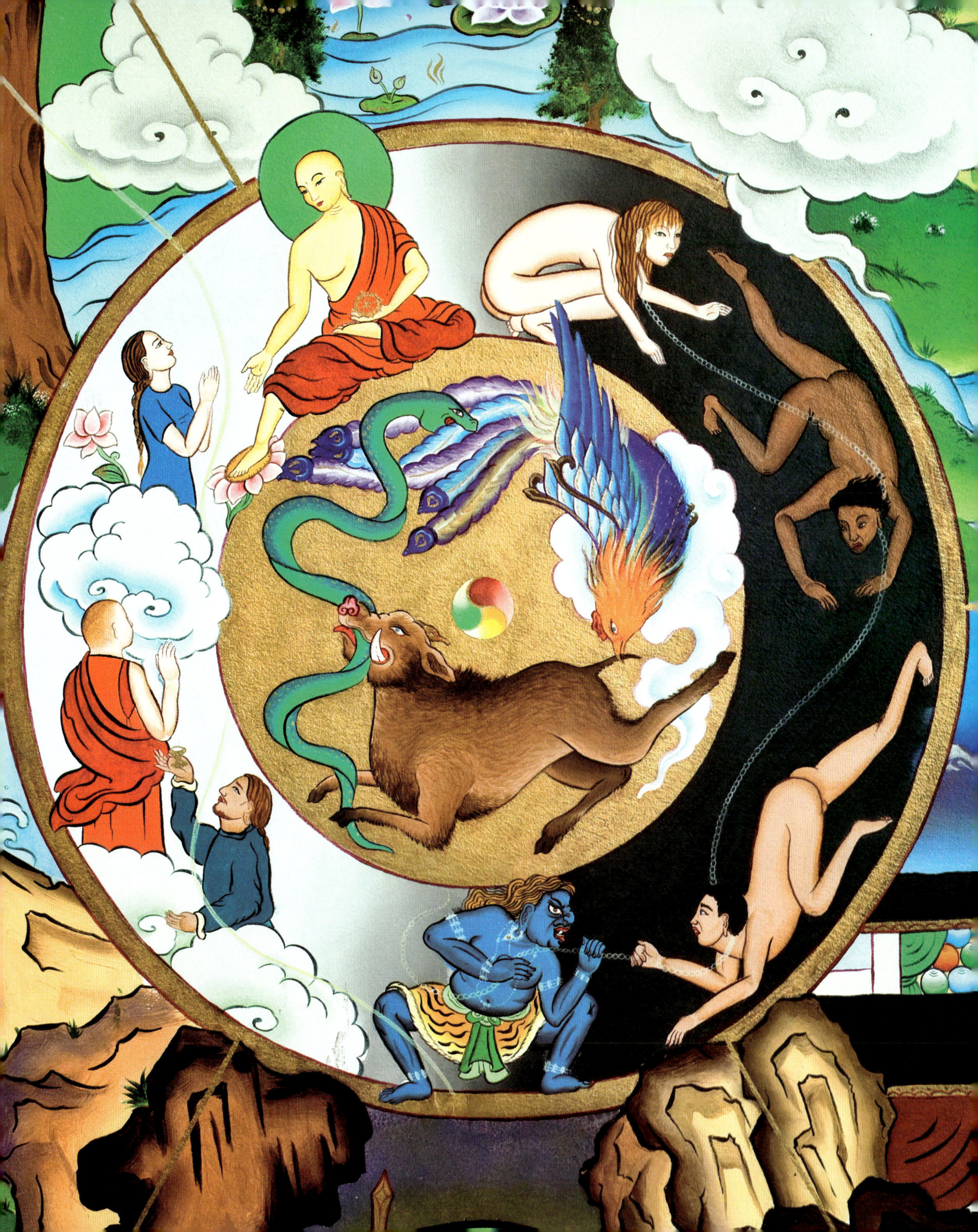

E de que forma nossa energia se movimenta? Ainda examinando a gravura da Roda da Vida, vemos que em torno do disco central onde estão os três animais há uma faixa circular onde estão representados seres subindo e caindo ciclicamente. Eles sobem penosamente ao ponto máximo através de suas ações positivas. Quando atingem esse ponto, a impermanência e o carma os levam a novamente cair ciclicamente nas regiões de sofrimento e desespero. Toda e qualquer identidade revela-se presa ao movimento cíclico infindável de ascensão e queda, a Roda da Vida, também chamada de experiência cíclica. Quando desafiamos Maharaja buscando fixar o que é impermanente, estamos desafiando a própria essência que segue produzindo mundos diante dos nossos olhos, a essência que rege a impermanência e que originou nossa forma humana. Podemos visualizar nossas identidades como bolhas de sabão que, depois de sopradas, serão carregadas pelo vento e, em algum momento, hão de se desfazer no ar, diante de nossos olhos.

Nessa imagem, dukkha pode ser apontado no esforço para subir, no ponto máximo quando aquilo que estava em franca ascensão começa a desabar, e ainda no próprio desabar, absolutamente inevitável. É o sofrimento que permeia tudo.

No samsara há sempre a sensação de que somos arrastados pelo movimento aleatório de subidas e quedas. No interior da visão deludida, ou samsara, tudo se passa não propriamente através de pensamentos claros e racionalmente estruturados, mas de emoções confusas e sustentadas pelas mais diversas bases internas, funcionando como lentes coloridas por trás de nossos olhos físicos e produzindo nossa consciência em relação aos objetos.

Ainda na figura da Roda da Vida, vamos encontrar alguns padrões básicos pelos quais a construção de nossa experiência de mundo (consciência) vai se estreitar. Os budistas explicam que a consciência deludida opera a partir de seis padrões emocionais básicos, que na Roda da Vida são simbolizados por seis reinos.

Nesse nível de ensinamento, dukkha pode ser compreendido como ter a consciência fisgada por determinadas sensações ou ventos, como ficar rodando em círculos, em um redemoinho, impotente e hipnotizado pelo jogo incessante de nossas energias. Ficamos à mercê de estados físicos e mentais de satisfação e/ou insatisfação, como uma rã que permanece distraída dentro de um pequeno poço, sem nenhuma chance de sair e caminhar o suficiente para se encontrar com a grandeza dos oceanos. De algum modo, não deixa de ser interessante perceber que tanto no poço como no oceano o que há é o infinito, e que a diferença é mais propriamente de dimensões do que de essência.

*"Os budistas explicam que a **consciência deludida** opera a partir de **seis padrões emocionais** básicos, que na Roda da Vida são simbolizados por seis reinos."*

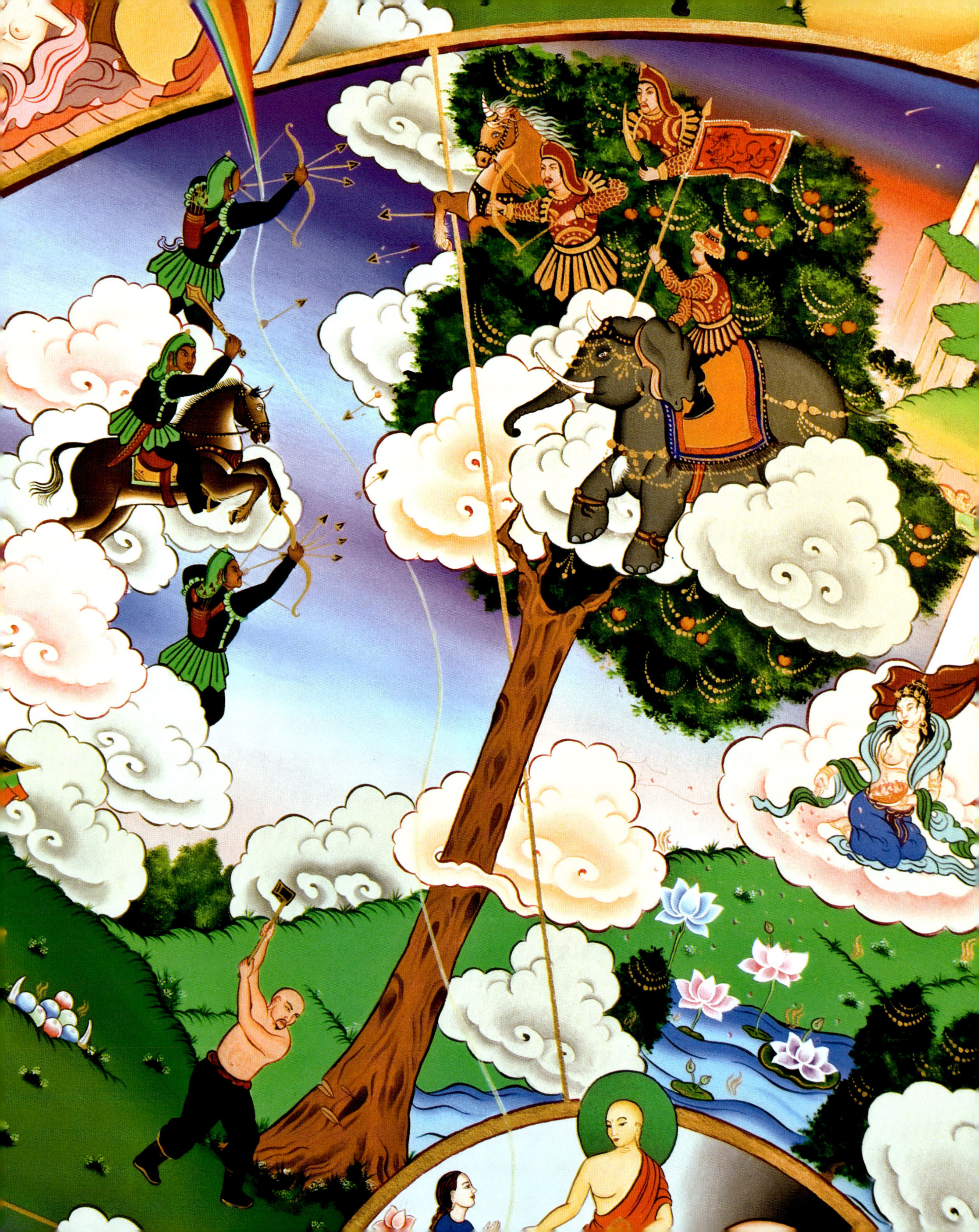

O primeiro poço da experiência cíclica, ou Roda da Vida, é o reino dos deuses, no qual o sentimento de orgulho se estabelece como base. Os deuses não precisam fazer esforço para serem amados, são sustentados pela energia operativa dos seres de outros reinos e se tornam inconscientemente vaidosos de suas qualidades. Por estarem cercados de muito conforto, acabam distraídos e sem nenhuma vontade de sair do poço à procura do mar; afinal, apesar de deludidos, apreciam as boas qualidades e a beleza de seu reino. Certamente, em matéria de poço, esse é o mais atraente.

A seguir vem o poço dos seres invejosos, ou o reino dos deuses invejosos, os asuras. Apesar de possuírem um grande arsenal e muito poder, sofrem por não possuírem tantas facilidades quanto os deuses. Dominados pela inveja, terminam por atacar seus poderosos vizinhos sem sucesso, o que faz com que sua sensação de negatividade e impotência aumente, criando um círculo repetitivo alimentado pela energia da inveja e da competitividade.

Na sequência surge o reino humano, fundamentado no desejo e no apego. Nós, os seres desse reino, estamos sempre querendo alguma coisa em termos de facilidade ou conforto como meio de atingir a felicidade. Por exemplo, adquirimos os mais diversos bens de consumo sem nos darmos conta de que abrimos mão de nossa tranquilidade correndo atrás deles. Fazemos prestações, penosamente trabalhamos para pagar, depois passamos boa parte do tempo cuidando para que aquilo que adquirimos não se perca ou estrague. Quando nos damos conta, estamos não só cuidando de um bocado de coisas nem tão necessárias assim, como aspirando por outras tantas mais.

Por sorte, quando agimos tão distraidamente, dukkha, ou a frustração das nossas esperanças e planos, manifesta-se, e, nem que seja por um breve instante, entendemos que aquilo que nos esforçamos para atingir não trouxe nenhuma satisfação estável ou genuína. Nossos pertences se extraviaram, apodreceram, desfizeram-se diante dos nossos olhos. Ou eles se cansaram daquilo que antes era extremamente precioso. O barco que alegremente compramos no verão passado já não nos traz nenhum prazer; ao contrário, ficamos aborrecidos por pagar impostos, arcar com despesas de manutenção e por precisar verificar suas condições antes de usá-lo algumas vezes no ano. Mas dali a pouco nos distraimos novamente correndo atrás de outra novidade, e seguimos fazendo esforços.

*"...adquirimos os mais diversos bens de consumo sem nos darmos conta de que **abrimos mão de nossa tranquilidade** correndo atrás deles."*

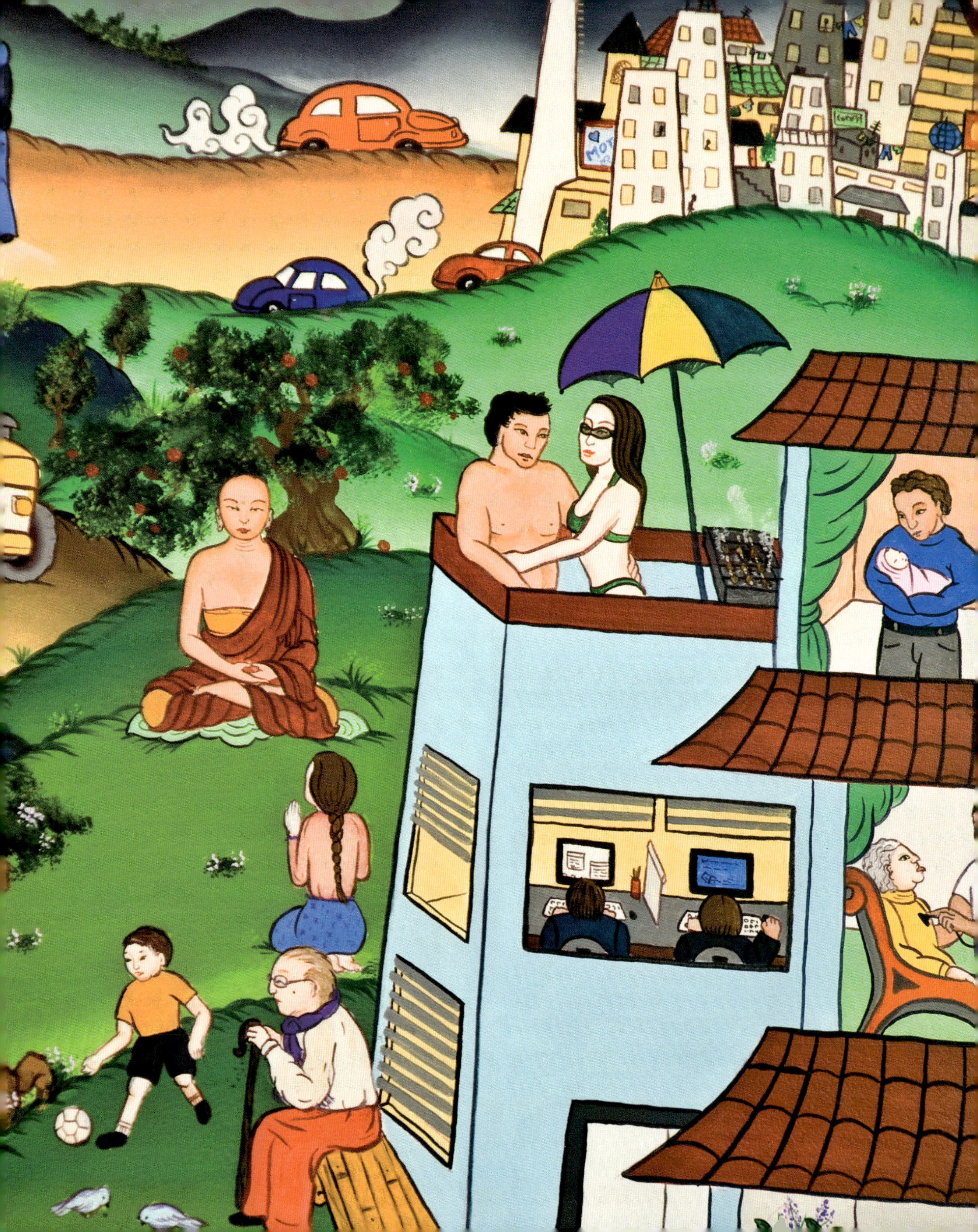

Abaixo dos reinos dos deuses, dos deuses invejosos e dos humanos, encontram-se os reinos inferiores. O primeiro desses é o reino dos animais, onde as emoções perturbadoras são a preguiça ou torpor. Há bastante agressividade nesse reino, boa parte dos animais alimentam-se uns dos outros ou disputam territórios. Em termos de paisagem mental, esse reino é caracterizado pela incompreensão do funcionamento causal do mundo ao redor, aliada à sensação de impotência, de desânimo diante das dificuldades percebidas como externas e independentes de nossa vontade. Simplesmente abrimos mão de cultivar o que quer que seja. Olhamos a impermanência e desistimos de levar adiante qualquer projeto, por mais interessante que seja. Ou ainda, em meio a uma crise no abastecimento de água, pegamos uma mangueira e passamos uma tarde tranquila lavando a calçada da nossa casa.

O segundo reino inferior é o reino dos fantasmas famintos. Os seres desse reino possuem uma barriga enorme e sempre vazia, enquanto sua boca e pescoço são tão estreitos que não permitem a passagem de quase nenhum alimento. Por não possuírem força nas pernas e braços, esses seres arrastam-se à procura de água e comida. Quando encontram alimento e o ingerem, esse alimento é tóxico e ardente, queimando suas gargantas.

Em termos de paisagem mental, esse reino pode ser exemplificado por uma mulher ciumenta que, ao ganhar um presente do marido, desconfia que ele a esteja agradando para disfarçar uma falta. Também podemos constatar que na sociedade atual nos tornamos dependentes ou carentes de muitas facilidades. Usamos remédios que inibem os sintomas de nossas doenças e nos causam outras desordens além das que já possuímos. Vamos de automóvel comprar pão a duas quadras de nossa casa, usando combustíveis que poluem o ar e deixando de exercitar nosso corpo. Alimentamos hábitos perniciosos, tomando por prazer aquilo que não faz mais do que nos tirar a lucidez e a saúde, como, por exemplo, consumir nicotina e álcool. Além de nos intoxicarmos, nunca ficamos saciados com apenas um copo de bebida ou um cigarro.

Por fim chega-se aos reinos dos infernos, no qual a duração da vida é muito longa. As emoções negativas dominantes nesse reino são a raiva e o medo. Invariavelmente, os seres nessa paisagem estão atacando ou se defendendo.

Se tomarmos a água como exemplo, teríamos o seguinte: no reino dos deuses ela é um néctar capaz de sustentar a vida; no reino dos asuras é um instrumento a ser conquistado pelo poder, pela astúcia ou mesmo pela força dos exércitos; para os humanos é apenas água, sem nada de especial. Para os animais a água é um meio de sobreviver apenas. Para os fantasmas famintos, a água, como já vimos, é desejada ardentemente mas muito escassa, quase impossível de ser encontrada. Nos infernos é usada como arma para torturar e matar; quando bebida, queima como lava.

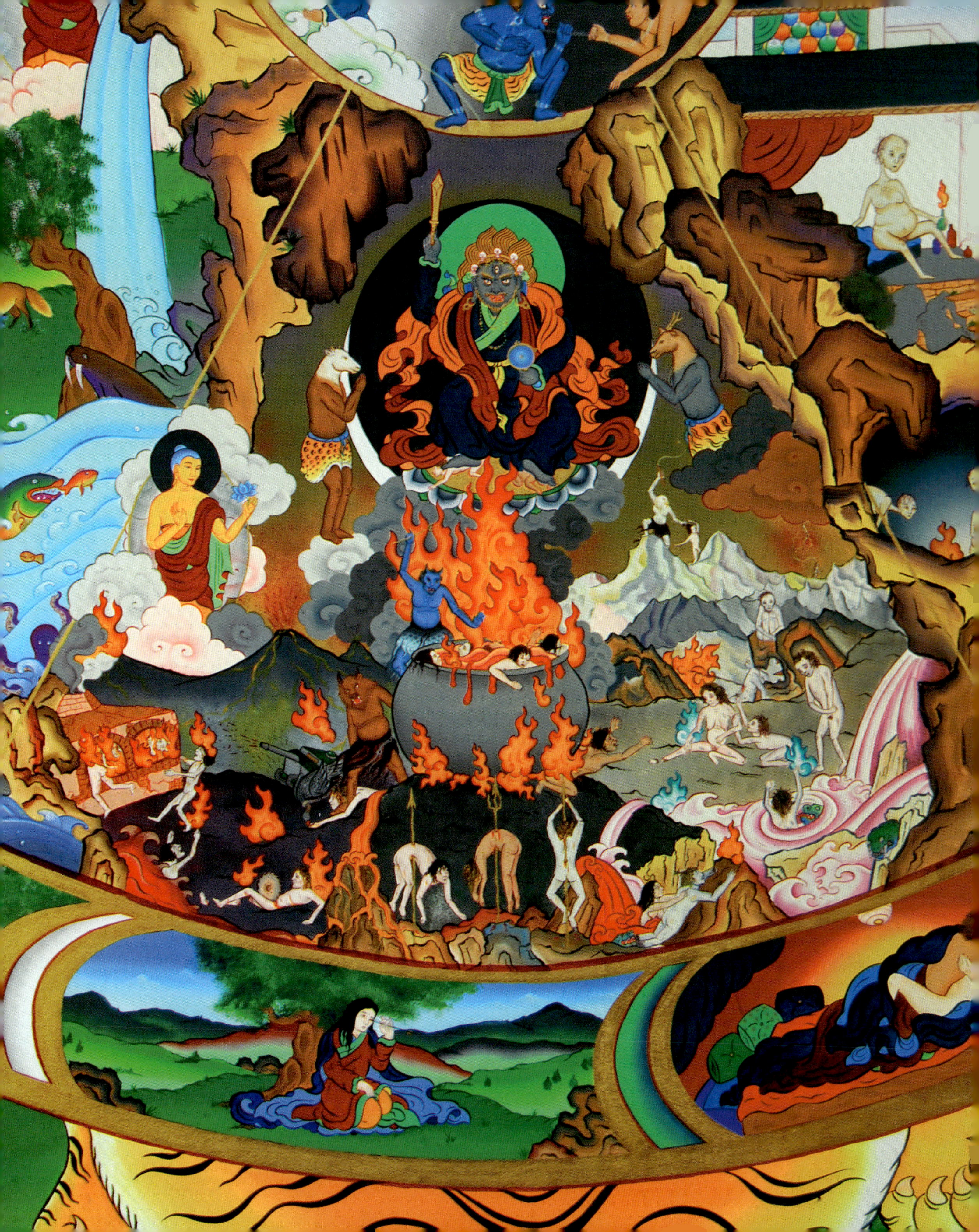

Olhar a Roda da Vida é como debruçar-se em uma janela com vista para o jardim de dukkha e observar as mais diversas sementes vicejarem ou definharem de acordo com as causas e condições do ambiente.

*"Se tomarmos a água como exemplo, teríamos o seguinte: no **reino dos deuses** ela é um néctar capaz de sustentar a vida; no **reino dos asuras** é um instrumento a ser conquistado pelo poder, pela astúcia ou mesmo pela força dos exércitos; para os **humanos** é apenas água, sem nada de especial. Para os **animais** a água é um meio de sobreviver apenas. Para os **fantasmas famintos,** a água, como já vimos, é desejada ardentemente mas muito escassa, quase impossível de ser encontrada. Nos **infernos** é usada como arma para torturar e matar; quando bebida, queima como lava."*

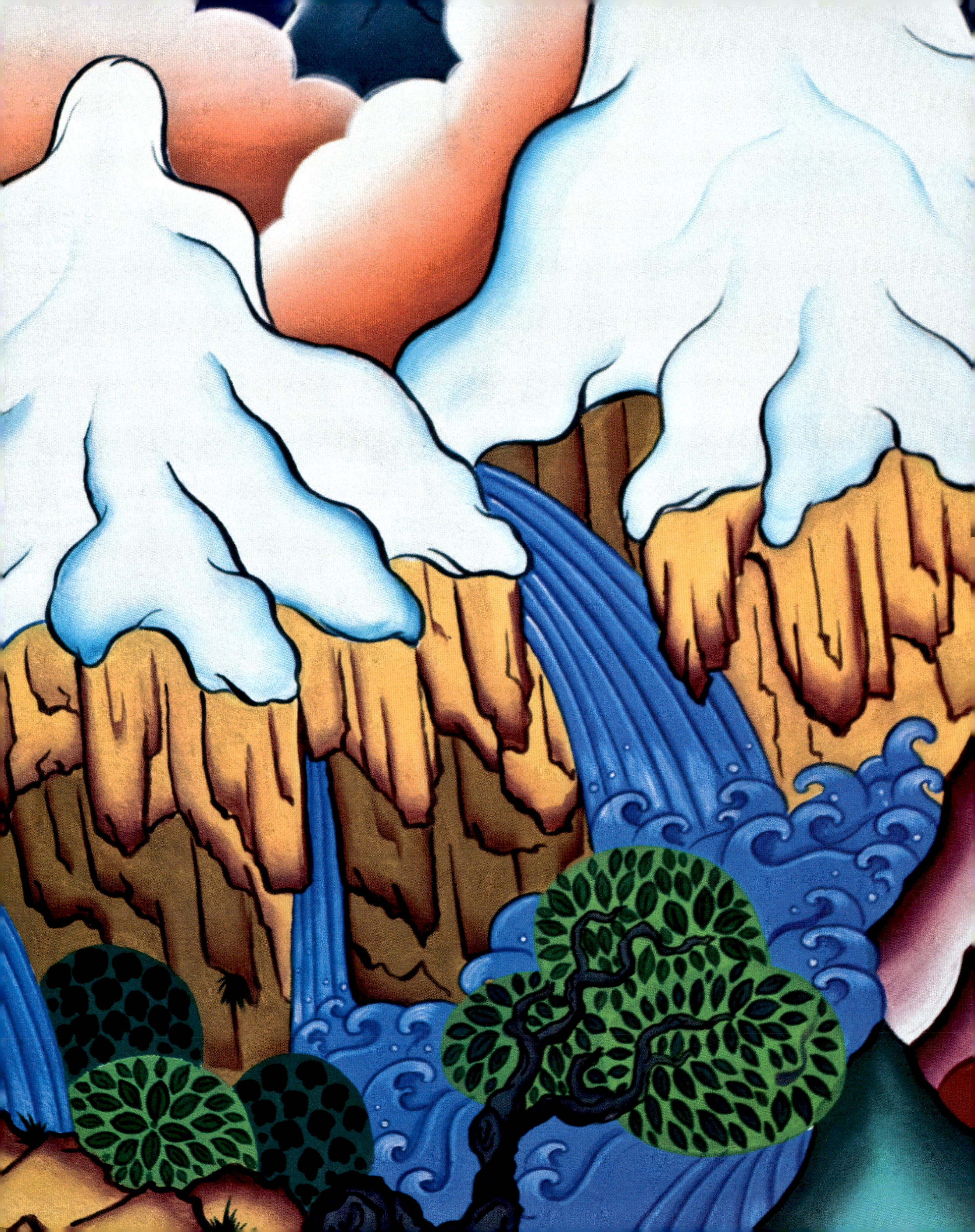

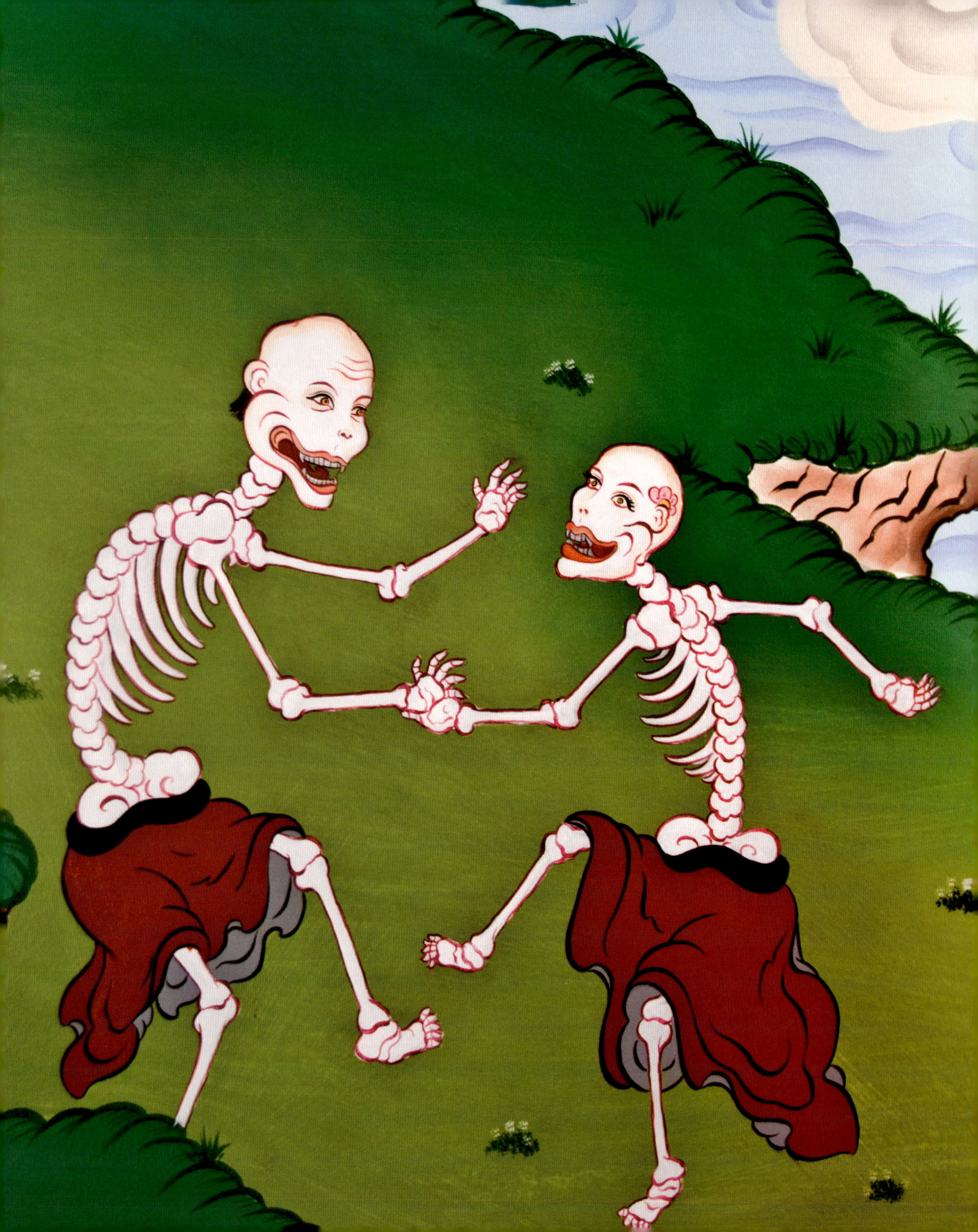

OS FENÔMENOS DANÇAM

CAPÍTULO II | 35

OS 12 ELOS DA ORIGINAÇÃO INTERDEPENDENTE

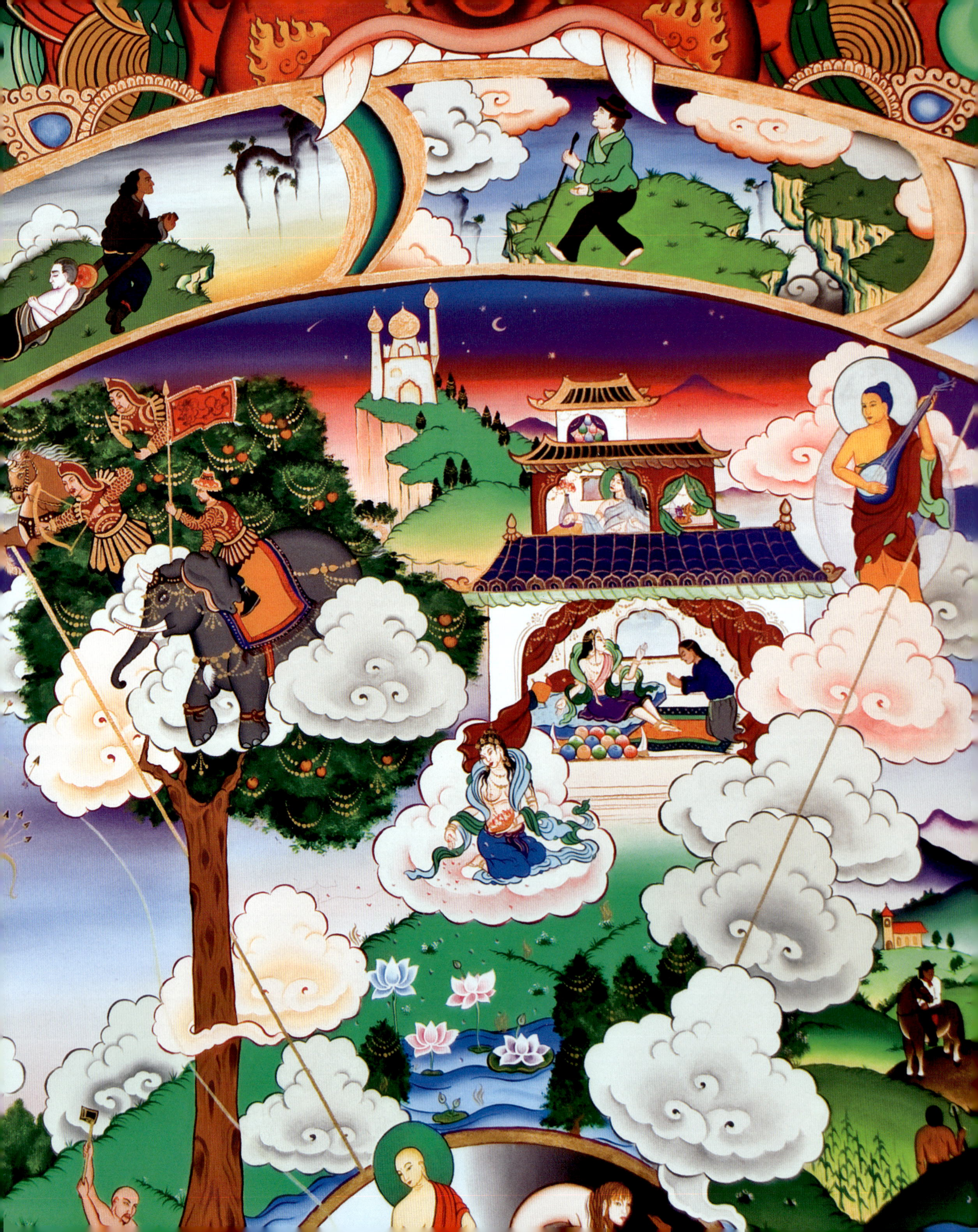

A SEGUNDA NOBRE VERDADE, como vimos, ensina que dukkha é construído, ou seja, os budistas acreditam que há um estado natural de felicidade que antecede qualquer construção mental. Os estados confusos da mente são apontados nos ensinamentos como as ondas do mar, constituídas da mesma matéria do oceano. Outro exemplo clássico seria o de uma garrafa cheia d'água vagando nas ondas do mar. Tudo se passa como se a água dentro da garrafa estivesse com medo de que a garrafa se quebrasse e seu conteúdo se diluísse... na água mesmo.

E qual seria o motivo para as ondas? Como o movimento "isolado" ocorre?

A área mais externa da Roda da Vida representa os 12 Elos da Originação Interdependente, o modo como a mente deludida constrói todos os movimentos (nascimento, duração e cessação ou passado, presente e futuro) dos fenômenos diante dos nossos olhos, como as causas e condições do sofrimento se estabelecem de modo sutil em nossa mente e se unem em cadeia.

Quando o Buda atingiu a iluminação, ainda sentado debaixo da árvore bodhi, foi assaltado por uma pergunta: "Por que os seres, tendo uma natureza ilimitada e perfeita, manifestam-se de forma limitada? O que acontece com eles?" Percebeu então que os seres ficam encerrados no interior de um ciclo de transmigração composto de 12 etapas e as percorrem ciclicamente por vidas sucessivas.

Ele compreendeu que, por ser livre, a mente pode gerar ignorância. Por estarmos presos na ignorância, brotam as marcas mentais. Com o surgimento das marcas mentais, surge naturalmente a nossa identidade. Quando surge a identidade, tentamos perpetuar a experiência de existência. Assim, aspiramos um corpo. Surgindo o nosso corpo, fazemos contato com o mundo. A partir do contato, temos sensações. Quando surgem as sensações, tentamos sustentar as agradáveis e nos afastar das desagradáveis. Se obtivermos sucesso, estabeleceremos nossa visão de mundo, em decorrência, uma identidade a partir da qual nossas prioridades serão estabelecidas. Com as prioridades, surgem as urgências e a necessidade de sustentá-las; surgem também as defesas, e assim manifestamos os três animais representados no centro da Roda da Vida – o javali, o galo e a cobra. Como a impermanência é inevitável, em certo momento tudo irá desabar. Quando tudo desabar, manteremos as sementes cármicas, ou seja, não importa qual tenha sido o tamanho do estrago, a semente cármica estará preservada. Na ausência da lucidez, essa semente cármica fará com que aspiremos um novo corpo e sigamos indefinidamente nesse processo.

Por meio dessa contemplação, o Buda percebeu que o processo que dá nascimento às nossas diversas identidades no mundo e à prisão a esse ciclo cármico pode ser revertido. E enunciou a terceira Nobre Verdade, que afirma que tudo que é construído, como o sofrimento, pode ser desfeito.

Como se faz a dissolução desse ciclo cármico? Partindo-se do 12º elo rumo ao primeiro.

O sofrimento existe por operarmos com desejo e apego, buscando obter, sustentar e equilibrar o que gostamos, e evitando o que não gostamos. Nascemos e nos movemos dentro do mundo como o reconhecemos. Um mundo inseparável de nossas mentes. Esse processo se sustenta porque temos experiências bem-sucedidas originadas de desejo e apego. O desejo e apego se estruturam na dependência de emoções que tivemos em experiências anteriores. Essas experiências provêm do contato do corpo físico com o meio ao redor. O contato surge na dependência dos órgãos físicos e de um corpo. O surgimento do corpo ocorre na dependência de uma aspiração sutil da mente por operar por meio de um corpo físico. A aspiração surge na dependência de uma estrutura mental

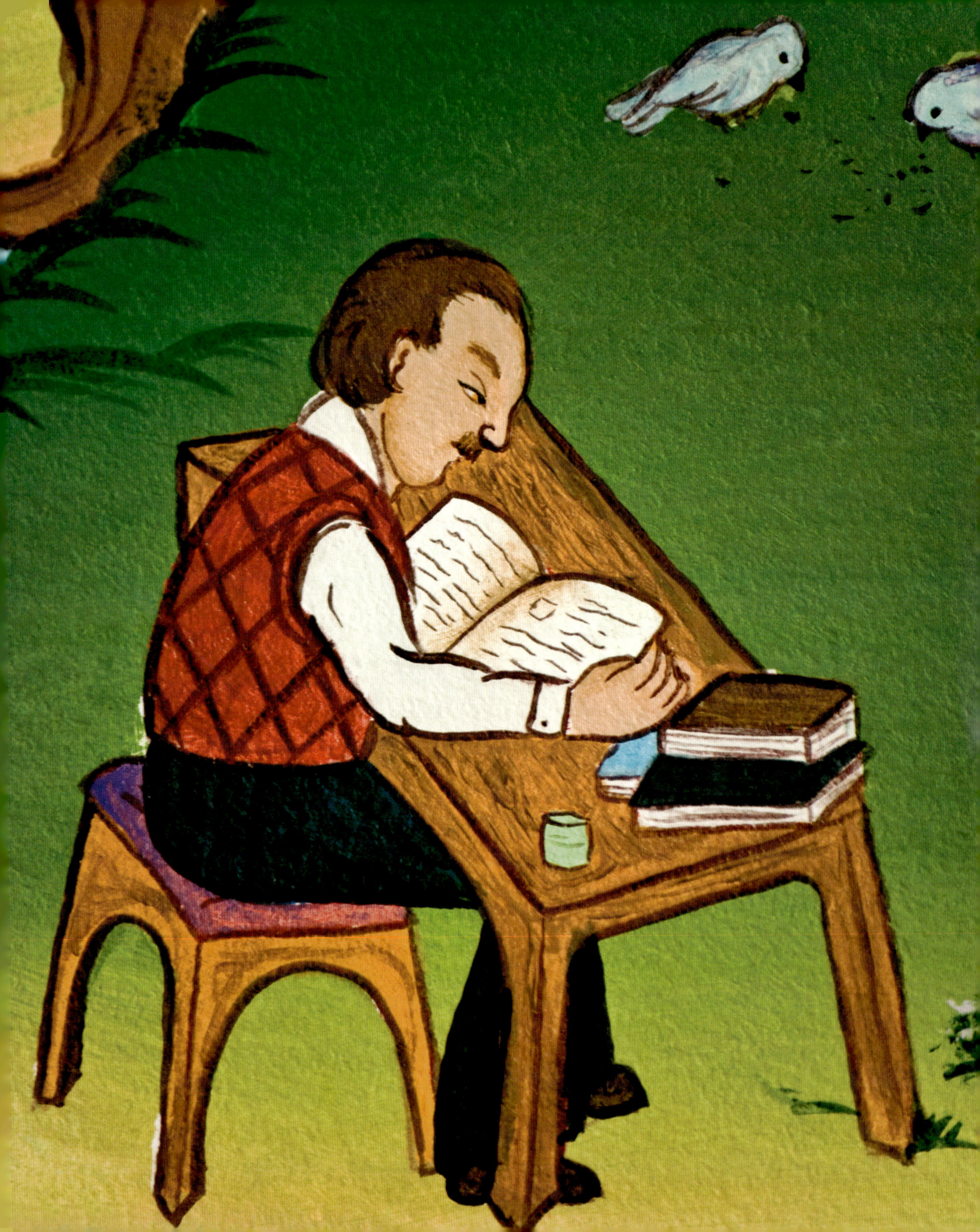

cármica. A estrutura mental ocorre na dependência de marcas mentais cármicas. As marcas mentais surgem pela ignorância, que é o primeiro elo e o gerador e sustentador da roda como um todo.

Até aqui olhamos rapidamente o ciclo que vai do nascimento à dissolução e da dissolução ao nascimento, apenas para sentir o movimento. Agora, como quem examina uma película de filme, vamos olhar os elos isoladamente, quadro a quadro, para obter uma visão mais detalhada do processo.

*"... o Buda percebeu que o processo que dá nascimento às nossas diversas identidades no mundo e à prisão a esse ciclo cármico pode ser revertido. Enunciou **a terceira Nobre Verdade,** que afirma que tudo que é construído, como o sofrimento, pode ser desfeito."*

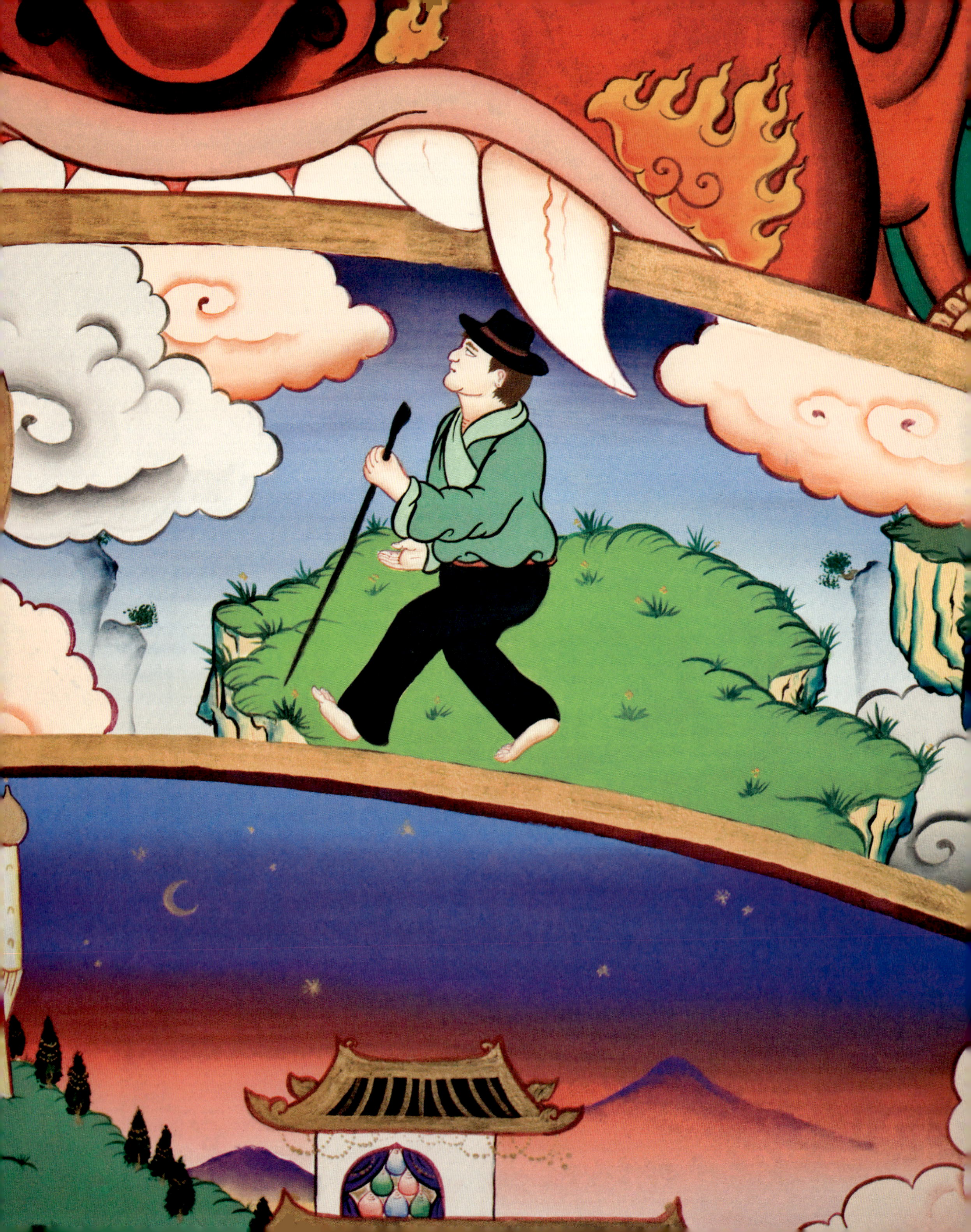

AVIDYA | 1
Perda de visão

O PRIMEIRO DOS 12 ELOS, AVIDYA[2], é simbolizado na Roda da Vida por um cego tateando o chão com sua bengala. Para compreender avidya, vamos iniciar com o exemplo de um cubo.

No cubo temos os traços. Se olharmos para o desenho por alguns minutos e com bastante atenção, perceberemos que esses traços proporcionam pelo menos duas imagens. A frente do cubo, repentinamente, torna-se o fundo do que parece ser um outro cubo, sem que nada se altere de fato, a não ser a nossa visão. Logo, podemos concluir que a experiência que temos a partir dos traços ultrapassa o que é determinado pelos traços. A experiência é determinada por uma operação mental interna. Quando localizamos essa operação mental, vemos que temos liberdade diante dela, ou seja, podemos conduzi-la para um resultado ou outro. Podemos criar um clique interno que nos faz passar de uma experiência para outra.

Temos que segurar com muito cuidado essa capacidade de poder passar de uma visão para outra, porque ela é a essência da liberdade. Quando abdicamos disso, qual liberdade nos sobra? Temos a liberdade de pintar o cubo, de emoldurá-lo. Achamos que isso é liberdade, mas, nesse momento, não temos mais liberdade alguma! Ficamos com a visão congelada. Temos a percepção de que o cubo está no papel. Assim surge a separação sujeito-objeto, surge o "observador" em um lugar e o "objeto" em outro lugar, separados. Ainda que saibamos que o cubo não pode estar no papel, porque ele depende de uma operação mental, quando essa operação mental se dá, o cubo efetivamente aparece como se estivesse localizado no papel. Então, a essência da experiência de separatividade está na dependência da operação mental de avidya. Ela cria a experiência do cubo no papel. A incapacidade de reconhecer essa operação complexa é o que chamamos de avidya, ignorância. Surge a cegueira que nos impede de ver as coisas como realmente são. Então, a essência da experiência da aparente separatividade entre o objeto e o observador está na dependência da operação mental de avidya. Ela cria a experiência do cubo existindo autonomamente diante de nós.

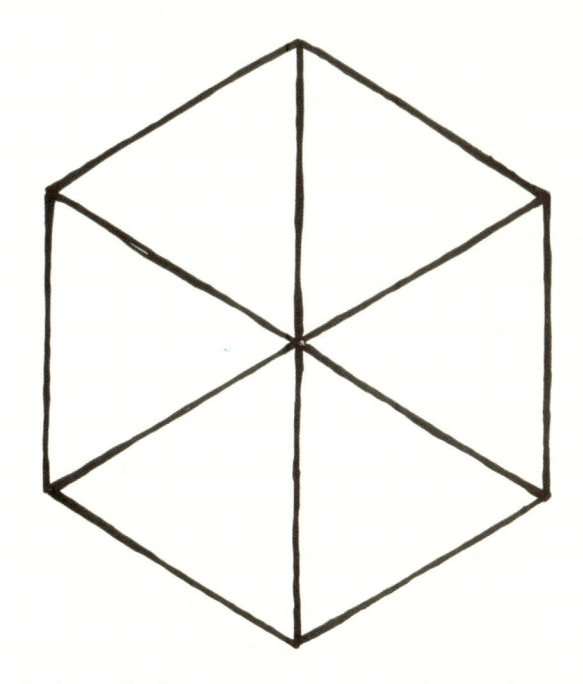

---

2 *Vidya*, em sânscrito, significa sabedoria, visão, lucidez; *avidya* significa perda da visão.

Pelo raciocínio, percebemos que o cubo surge de forma inseparável de nossa mente. Quando nossa mente se posiciona, o cubo aparece. Quando se reposiciona, o cubo aparece de outra forma. Essa é uma operação verdadeira, mas que está oculta. É espantoso que um desenho tão simples seja capaz de oferecer tal compreensão. Esse é o segredo secretíssimo de avidya.

Quando olhamos um Buda pintado em tecido, vemos o Buda no pano, mas na verdade ele é inseparável de nós. O que existe é tinta sobre o tecido, mas nós vemos o Buda, do mesmo modo que vemos um cubo onde só existe papel e traços. A separatividade é construída. A experiência de separatividade é limitante, porque ela não existe de fato, não é real.

Quando olhamos uns aos outros, também nos vemos separados, vemos os outros com qualidades que parecem brotar deles mesmos. Essa forma de olhar também é avidya. As qualidades que vemos nos outros são inseparáveis da nossa própria mente. Olhe a foto de alguém. Você vê qualidades nessa pessoa, você desenvolve sentimentos ao olhar a foto? Mas não há ninguém ali, apenas papel e tinta. Assim, de onde viriam as qualidades que você está vendo? As qualidades que vemos nas fotos surgem de nossa própria experiência cármica; assim, o conteúdo das fotos pode mudar com o tempo. Nós mudamos e as fotos então mudam. E não apenas as fotos. Nossas lembranças mudam, o passado muda. O passado se estrutura a cada momento como uma nova experiência na nossa mente. Também ele é a manifestação dessa mente criativa e incessante. A luminosidade não obstruída, livre e criativa manifestada através da mente é a natureza de buda dentro de nós.

Essa é a razão pela qual podemos dizer que a natureza de buda está em toda nossa experiência. Por manifestarmos avidya, podemos dizer que temos uma natureza de buda. Por nos enganarmos, por criarmos a parcialidade, podemos dizer que a natureza de buda está presente em nós. Onde a parcialidade se ancora? Na natureza última, na nossa capacidade de criar as coisas. Por que não vemos isso? Por causa de avidya! Pela capacidade de ocultação que a delusão manifesta. Avidya manifesta dois aspectos simultâneos: a capacidade de manifestar, ou luminosidade, e a capacidade de ocultação.

A manifestação de avidya produz um fechamento. Quando uma coisa aparece, produz uma ocultação, pois deixamos de ver outras, e essa ocultação também passa despercebida – avidya gera a ocultação da ocultação. É a estreiteza da visão – uma estreiteza que parece amplidão, pois todo um panorama se descortina, surgem imagens, visões aparentemente concretas, ao mesmo tempo em que outras opções de experiências ficam ocultas pela experiência das imagens surgidas. Avidya nos permite operar no mundo, mas sempre através da delusão. Quando um objeto surge, surge a delusão e o impulso de ação correspondente.

O cinema é um bom exemplo para se entender o processo de avidya. Quando entramos na história de um filme, a responsabilidade começa a se manifestar. Sentados em nosso sofá, ou na poltrona do cinema, com um pacote de pipoca em uma mão e um refrigerante na outra, sentimos emoções ligadas às imagens que surgem na tela. Isso é avidya operando, delusão. Ficamos presos ao filme: choramos, rimos, nos assustamos. Se a televisão e o cinema existissem na época do Buda, ele certamente iria apontá-los como um bom método de prática. O Buda usou os exemplos da época, como a pintura e o teatro.

Estamos vendo um filme, temos vontade de chorar e pensamos: "Essa vontade de chorar é completamente tola." Ainda assim, evitar o choro é uma construção, chorar também é uma construção. Às vezes choramos e paramos, achando a situação ridícula. Depois voltamos a chorar. Mais uma vez

OS FENÔMENOS DANÇAM | 43

nos sentimos ridículos e paramos novamente. Assim, vagueamos por várias paisagens. No entanto, se tivermos lucidez durante o processo, poderemos optar por chorar ou não, tanto faz.

Tendo lucidez, podemos pensar: "O choro é perfeito dentro desse conjunto de situações, eu estou nessa paisagem, e nela o choro é completamente natural." Para elucidar o processo, podemos avançar por dentro daquela paisagem. Podemos chorar para perceber a experiência de sofrimento em que os seres estão imersos. Nesse caso, não existe a ocultação da ocultação, não estamos presos. Nós andamos por dentro da paisagem, temos as experiências, mas com liberdade e lucidez em meio ao processo.

Quando estamos presos por avidya, a paisagem em que nos encontramos parece ser a única realidade, e nossa ação ou reação parece plenamente justificada. As paisagens e nossas ações sempre correspondem a algum dos seis reinos. A experiência parece completamente sólida, não vemos outra saída. Se alguém disser que não precisamos passar por aquilo, que poderíamos agir de outro modo, reagiremos um pouco irritados. Não vemos solução, fomos fisgados, engolidos pelo processo de delusão e pela aparente concretude de tudo ao nosso redor, como com o cubo. Temos a sensação clara de estarmos imersos em um mundo externo a nós e independente.

A prisão de avidya se manifesta em corpo, fala e mente. Quando choramos, as lágrimas descem pelo nosso rosto, o corpo está atuando. A fala, que no budismo equivale à emoção, está envolvida também, sentimos nossa energia consumida por pensamentos negativos. A mente torna-se refém desse processo completamente abstrato. A prisão é irreal, mas estamos enclausurados na experiência.

Se nos desentendemos com alguém, podemos ver a pessoa como inimiga. Achamos que ela quer nos causar mal, e essa sensação nos faz mal. Se a pessoa diz: "Mas eu tenho o maior carinho, o maior respeito por você", talvez venhamos a sentir um grande alívio. O peso que tínhamos em cima de nós se dissolve. Esse peso era irreal, vinha da delusão, de avidya.

*"...a essência da experiência de **separatividade** está na dependência da operação mental de **avidya**. Ela cria a experiência do cubo no papel."*

OS FENÔMENOS DANÇAM | **45**

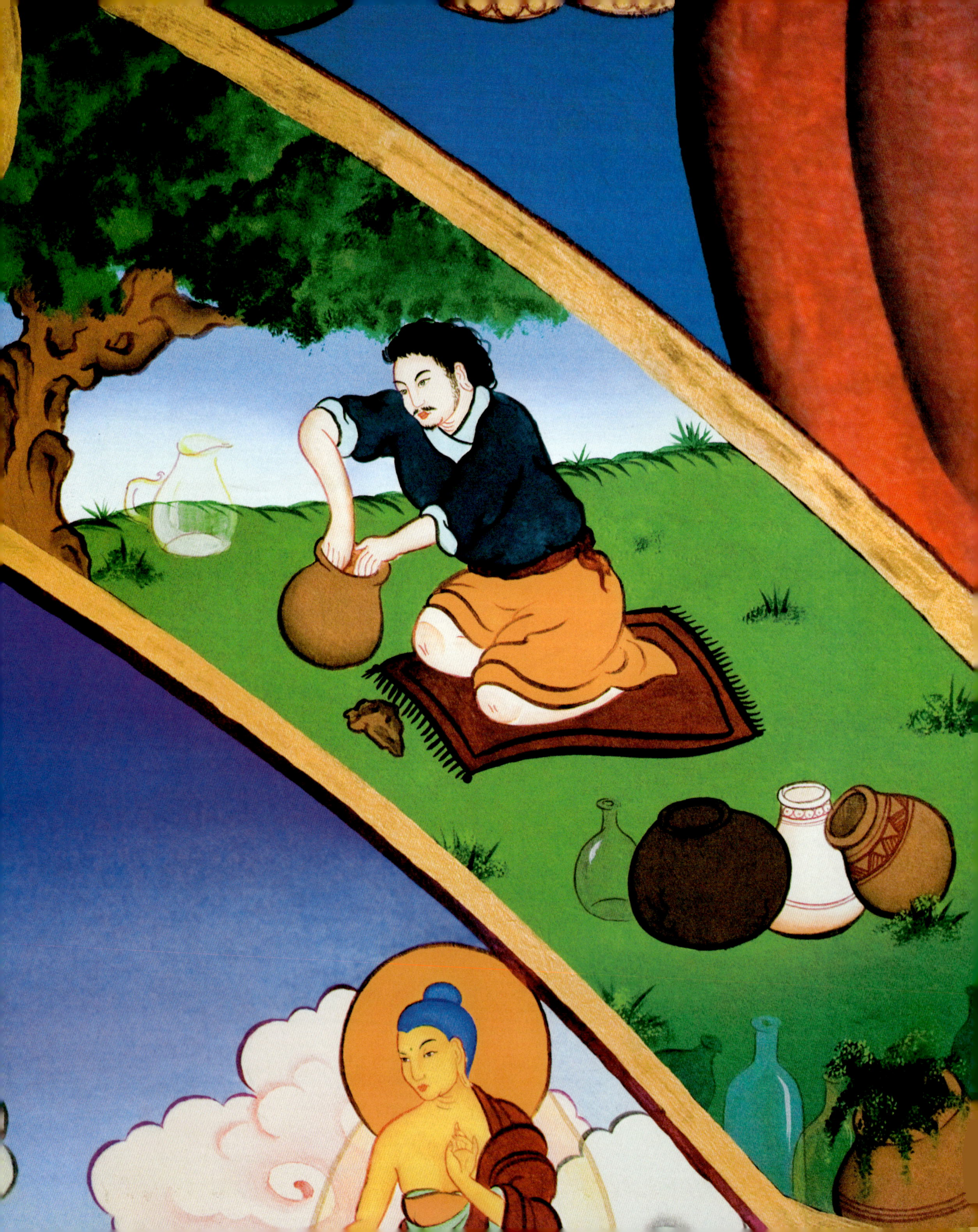

SAMSKARA | 2
Marcas Mentais

O segundo elo corresponde a estruturas internas sutis chamadas samskara[3], surgidas a partir de avidya, da delusão. O símbolo é um oleiro trabalhando com argila.

O oleiro começa seu trabalho com uma bolota de argila, que, por mais formas que adquira, continua sendo argila. A experiência toda, porém, já não é mais a de uma bolota de argila. Ao final do trabalho, o oleiro vê um pote ali. Para descrever a diferença entre a bolota de argila e o pote de argila, ele terá de falar sobre a forma do objeto. Esse é o aspecto sutil. A diferença entre a bolota e o pote não pode ser explicada na microestrutura da argila. O oleiro só verá o pote através do processo de delusão de sua visão, tendo por base a bolota de argila.

Vamos colocar um outro exemplo: uma pessoa começa a trabalhar com a bolota de argila e gera um pote. Mas não gosta do resultado e o desfaz; na sequência, faz outro. Ainda não satisfeita, desmancha o pote novamente e torna a refazê-lo várias vezes, até surgir a forma que ela tinha em mente, que espelha o que busca ver. Como surge essa aparência da argila? Da inseparatividade entre a mente que vê e o objeto que é visto. Quando ela olha para a argila, vê o pote. Da mesma forma, nós olhamos para riscos em um papel e vemos um cubo.

Samskara são marcas internas. O conjunto de marcas, mais seus impulsos, caracterizam uma pessoa. Essas marcas são a base, os tijolos de qualquer construção do carma. Estão presentes em tudo.

A pintura surrealista de Salvador Dalí é um exemplo. Seu relógios tortos incomodam, causam um estranhamento. Olhamos para o quadro e vemos um relógio torto. Por que o incômodo? Na verdade não há nenhum relógio ali, é apenas tinta sobre uma tela. Como pode tinta sobre tela nos incomodar? Temos marcas mentais nas quais os relógios têm uma certa aparência. Aquilo parece um relógio, mas não se encaixa nas nossas expectativas de um relógio. Quando fitamos a imagem do relógio torto, as marcas mentais de relógio são acionadas, mas não temos como compatibilizá-las com o relógio torto. A arte é interessante para percebermos como as marcas mentais são montadas e como operamos diretamente com elas.

Podemos, porém, escolher as marcas. Mais que isso: podemos criá-las. Podemos sustentar umas e não sustentar outras. O que sustenta samskara? A luminosidade da mente, que está por trás de todas as experiências. Precisamos aprender a reconhecê-la, ela está sempre operando. Entendendo isso, compreendemos que as marcas mentais têm a consistência de avidya, é a luminosidade da mente produzindo particularidades ou movimentos isolados. Vemos que samskara é produto de avidya, é uma construção, surge através da delusão. A luminosidade cria marcas mentais, mas essas não são perenes e imutáveis; em verdade, são efêmeras e mutáveis, podemos criar outras marcas a qualquer momento.

---

3 *Skara*, em sânscrito, significa cicatriz. *Samskara* significa conjunto de cicatrizes, ou marcas por hábito.

Primeiro, produzimos a habilidade de fazer surgir o objeto e o observador. Em seguida, temos muitos objetos, muitas formas de manifestar a relação objeto-observador. Esse caminho já preparado é simbolizado pela chuva que abre sulcos na terra. Uma vez que os sulcos estejam abertos, é natural que a água da chuva corra por eles. Com o tempo, temos rios e vales surgidos desse fluxo de água. Esse conjunto de marcas é chamado samskara.

No entanto, as marcas não são apenas marcas. Cada vez que temos uma experiência de observador olhando objetos, este traz energias consigo. Percebemos que surge um pensamento ou uma imagem e que essa imagem tem uma energia que nos conduz a outra imagem ou pensamento, que conduz a outro, que conduz a outro, indefinidamente. Assim nos dispersamos, nos tornamos realmente distraídos. Não é o surgimento do objeto que causa dispersão; a dispersão é causada pela energia de responsividade que o objeto aciona e que faz com que sejamos conduzidos sucessivamente para outros objetos mentais.

*"Samskara são **marcas internas**. O conjunto de marcas, mais seus impulsos, caracterizam uma pessoa. Essas marcas são a base, os tijolos de qualquer construção do carma. Estão presentes em tudo."*

OS FENÔMENOS DANÇAM | 49

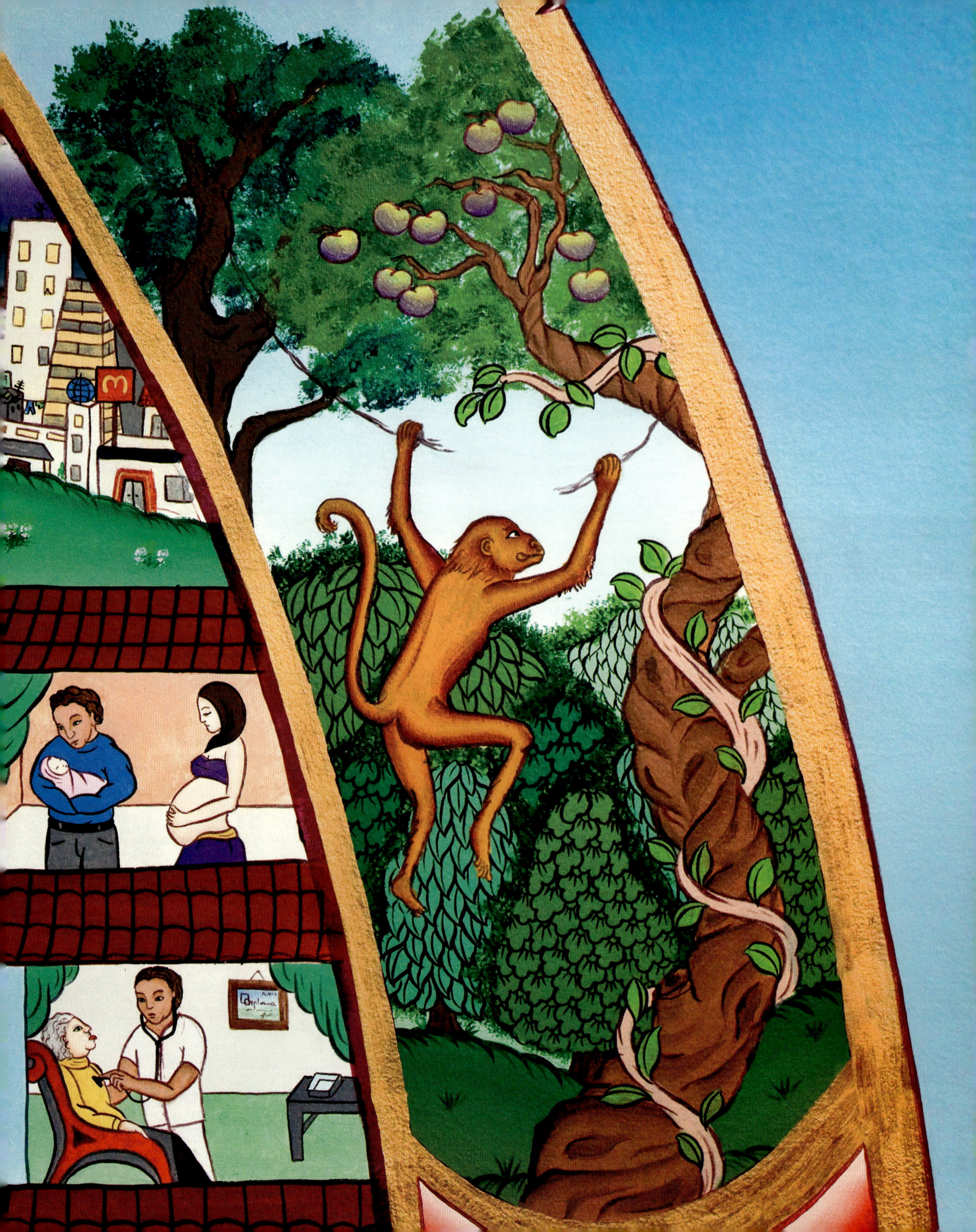

VIJNANA | 3
Consciência

O OBSERVADOR GERA UMA AUTOCONSCIÊNCIA, infere sua existência ao observar as sensações e os pensamentos que experimenta. Esse é o terceiro elo, vijnana, representado na Roda da Vida por um macaco.

Nessa condução de um objeto para outro, percebemos a inseparatividade entre aquele que vê e aquilo que é visto, nos damos conta de que o objeto é uma experiência de objeto, e que a energia é uma coisa que sentimos. Quando dizemos "a energia é uma coisa que sentimos", surge a consciência do observador. O observador se vê. É como se ele recuasse e pudesse observar a si mesmo. Ao ver a energia, ele pode dizer: "Eu vejo a energia em mim." Quando tal percepção se manifesta se estabelece o terceiro elo.

Assim como Himalaia significa "depósito de neve", alayavijnana significa "depósito de vijnana". É como um conjunto de marcas na forma de energia, ou possibilidades de consciência, possibilidades de posicionamentos do observador.

Samskara são marcas pelas quais vemos o mundo (estruturas, paradigmas, teorias, visões); parece estar no mundo, no objeto. Vijnana são as marcas pelas quais o observador vê a si mesmo e se constrói; parece estar presente no observador que vê o mundo. Mas os dois conjuntos – samskara e alayavijnana – sempre estão juntos, são absolutamente complementares.

Podemos perceber que, meditando de olhos abertos, de frente para uma parede rugosa, com o tempo começamos a associar os pontos e ver imagens. Vemos figuras onde só há pontos. Esse é vijnana encontrando um modo de se expressar nos objetos percebidos como externos.

Para estabilizar a mente, buscamos objetos que possibilitem um foco. O mundo inteiro termina sendo a expressão da nossa mente. É como se pensássemos com o mundo. O mundo é inseparável da nossa mente, é uma extensão do nosso processo mental. Ele manifesta vijnana e samskara.

A pessoa localiza sua energia e a faz operar. Ela vê e legitima o surgimento da energia que faz tudo acontecer. Todas as delusões brotam dali. É o surgimento da identidade no nível mais sutil. O "eu" aqui não é o corpo físico, mas significados, impulsos, marcas cármicas. Porque o mesmo impulso aparece repetidas vezes, dizemos que somos esses impulsos.

Essa energia é apenas um brilho da mente. Nesse ponto ainda nem existe a materialidade. Existe apenas a energia sutil. Se entendemos isso, podemos manifestar liberdade com relação à energia, manifestá-la em uma outra direção. Percebemos que a prisão não existe.

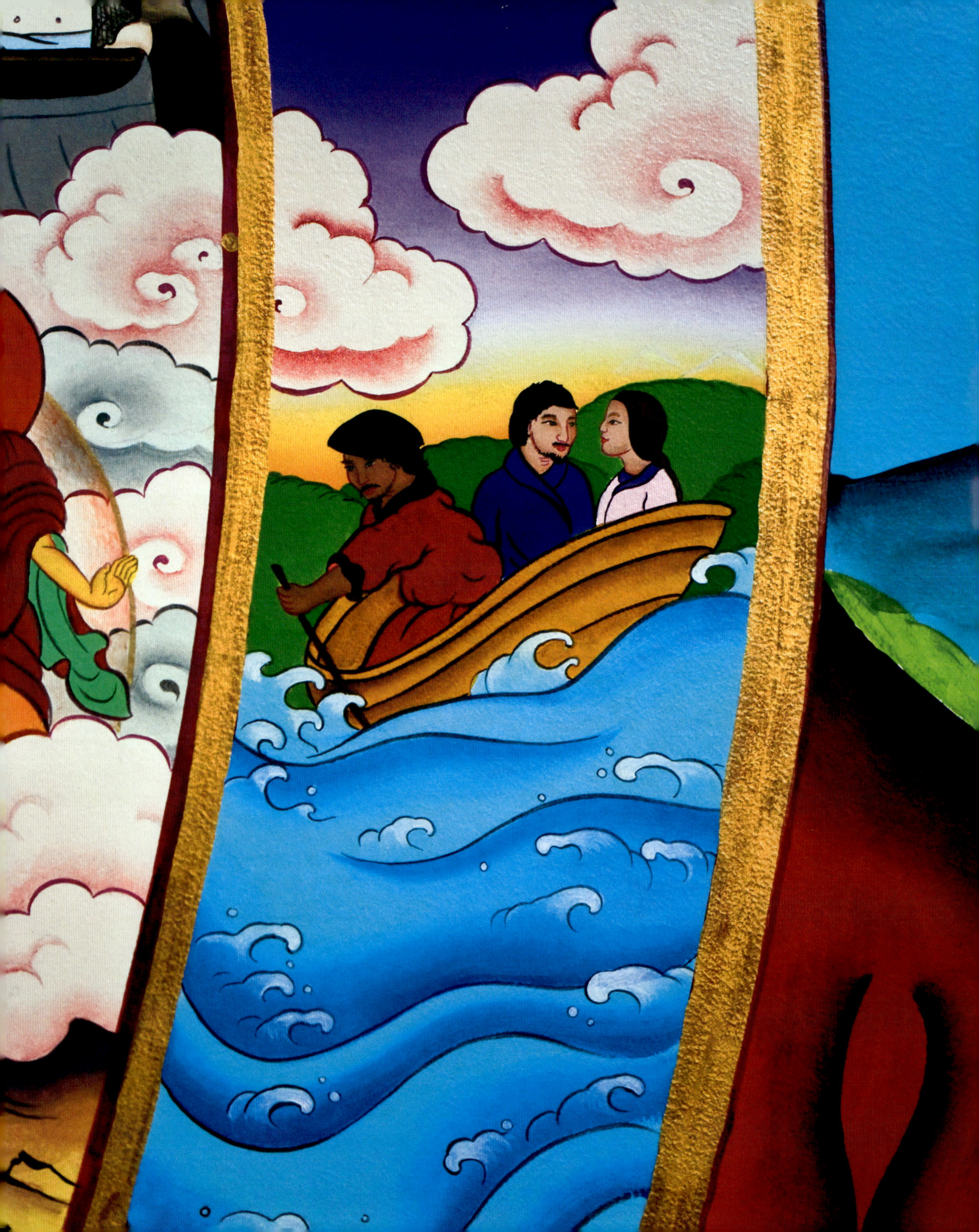

NAMA-RUPA | 4

Nome e forma

Já temos três marcas sutis operando: avidya, samskara e vijnana. Surgimos com uma identidade, mas ainda não temos materialidade. Quando entramos no quarto elo, inconscientemente descobrimos que certas coisas movimentam energia atraindo e outras não, e que os objetos, movimentando energia, têm o poder de sustentar estados mentais específicos. No quarto elo, nama-rupa[4], ainda não temos o objeto, mas começamos a desejá-lo. Por isso é simbolizado por um barqueiro vagueando em um rio: há a aspiração de chegar a um objeto específico para sustentar um estado mental específico.

Como sabemos que encontramos o objeto certo? Brota uma energia. Existem abundantes exemplos para esse processo: "gosto mais de lençóis azuis", ou "prefiro carros grandes", ou "não gosto de acordar cedo". Experimentem passear pelos shoppings observando isso, vocês vão perceber que cada objeto desperta uma reação. Quando divagamos em nossos sonhos também surge a energia que nos atrai a situações e objetos.

Com nama-rupa, começamos a operar com o fato de que certos objetos percebidos como externos nos remetem à sustentação de aspectos sutis percebidos como internos. Os aspectos sutis flutuam, mas, se colocamos objetos que nos evocam esses aspectos sutis, fazemos com que se tornem mais permanentes. Os aspectos mentais abstratos se beneficiam de uma materialidade. Por esse motivo, por exemplo, procuramos lugares serenos quando queremos nos acalmar.

Quando presenteamos alguém também é assim. Damos um presente com a intenção de gerar um estado mental no outro. Em um nível profundo de observação, podemos perceber que oferecemos um estado mental ao outro.

Nama-rupa produz a experiência de que morreremos quando perdermos algo precioso. Nós nos identificamos com certos objetos, sejam eles concretos ou abstratos, porque eles fazem brotar em nós uma energia que nos dá a sensação de existirmos. No momento em que tudo desmorona, surge o pavor da dissolução. Vamos usar como exemplo alguém que perdeu o marido ou esposa, ou o filho, o emprego, a casa. A pessoa se pergunta: "O que faço? Quem sou? Eu sou alguma coisa?" Para ela tudo fica cinza, nada mais tem o valor ou a atração que possuía antes. O mundo morre, desaparece. A pessoa vagueia, flutua. Se tiramos todos os aspectos que estabilizam nossos estados mentais, isso pode realmente acontecer.

É como se nama-rupa fosse os mais diversos espaços de possibilidades. Temos os espaços e, dentro deles, há o que é possível e o que não é possível encontrar. Estamos limitados a encontrar aquilo que nos permitimos encontrar, aquilo que reconhecemos. Mas o mais importante é perceber que nama-rupa também é luminosidade.

---

[4] *Nama, em sânscrito, significa nome; rupa significa forma.*

Podemos eleger um nama-rupa para um local. Por exemplo, podemos imaginar que um espaço seria uma boa escola para crianças. Se uma professora estivesse conosco e ouvisse nossa aspiração, suspiraria com ar sonhador. Isso significa fala, emoção. Nesse momento, nós e a professora começaríamos a pensar onde seriam as salas de aula, a diretoria, a biblioteca etc. Mas poderia chegar outra pessoa e ter a ideia, por exemplo, de construir uma clínica no mesmo espaço. E os médicos e terapeutas que porventura ouvissem tal ideia diriam: "Oh, uma clínica, que boa ideia!"

Apenas trocamos o conteúdo e fica claro que nama-rupa é uma forma de operação da luminosidade da mente. Simplesmente criamos tudo de outro jeito. Puxamos uma grade referencial e tudo aparece, puxamos outra e tudo novamente aparece. Essas grades são luminosidade. Nama-rupa também pode ser reconhecido como manifestação da luminosidade.

O terceiro e quarto elos têm que ser explicados juntos. No terceiro elo, temos experiências de energia. Você pode se imaginar sonhando. A mente livre dos sentidos físicos é uma mente que se assemelha ao sonho. Os elos antes dos sentidos físicos são etapas de sonho, onde temos a possibilidade de imaginar objetos. Alguns desses objetos imaginados podem produzir em nós embriões das emoções. Ainda não são emoções no sentido de apego, são embriões que se manifestam com mais ou menos brilho. A partir desse ponto nós surgimos, nos sentimos realmente existindo. A falta disso é muito parecida com aquelas fases de nossa vida cotidiana quando tudo está muito tranquilo em casa. É meio sem graça. Achamos que precisa acontecer alguma coisa que produza um brilho.

No terceiro e o quarto elos, é como se estivéssemos em um sonho meio morno, não tem nada. Mas, de repente, surgem coisas que produzem brilho. Quando essas coisas surgem, temos uma sensação de existência, de que existimos. Isso produz uma dimensão sutil de apego, que não é apego a um objeto, porque ainda não temos objetos. É apego a sonhos, visões. Como temos apego a esses sonhos e visões, surge a aspiração de termos um meio de estabilizar o sonho.

Todos nós temos aspectos internos – dos quais às vezes nem nos damos conta – que nos fazem mais felizes ou menos felizes. Por exemplo, vamos a uma galeria de arte, olhamos diferentes quadros, de repente, vemos um e dizemos: "Oh! Que bonito!" Brota um brilho, e pensamos que é o quadro que tem esse brilho. Compramos o quadro, levamos para casa e o colocamos na parede. Cada vez que olhamos o quadro, brota o brilho. Mas com o tempo essa sensação se desgasta.

O ponto importante aqui é o momento em que aspiramos algo que estabilize a energia que desejamos manter. No terceiro elo, temos as experiências de energia. Então, aspiramos que elas retornem, apareçam. É quando surge o quarto elo – a aspiração de encontrar algo que estabilize nossa energia. Essa aspiração vai produzir os sentidos físicos, que são o quinto elo. O quarto elo é uma ponte ligando o mundo abstrato e o mundo concreto.

*"O quarto elo é uma ponte ligando o mundo **abstrato** e o mundo **concreto**."*

OS FENÔMENOS DANÇAM | 55

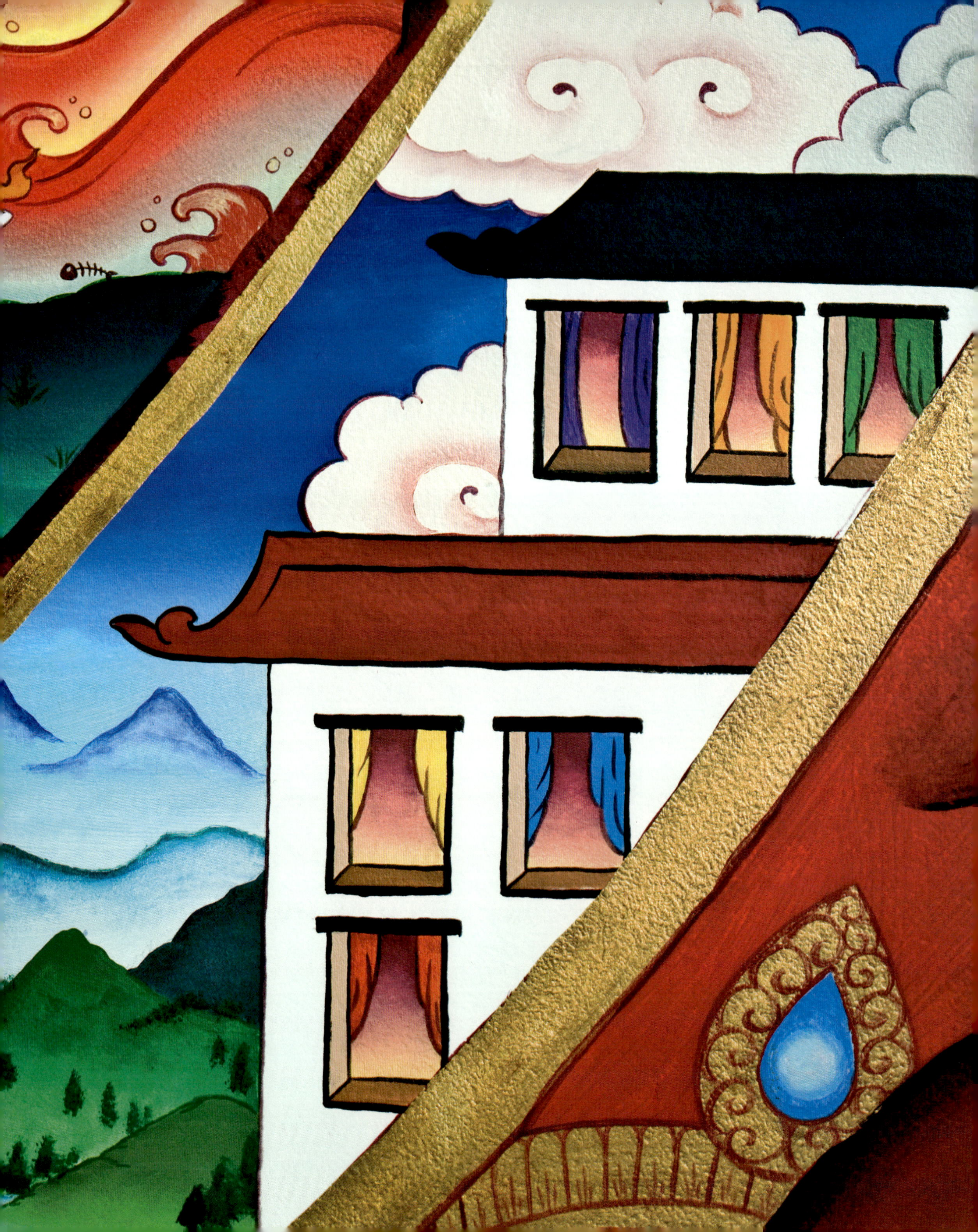

SHADAYATANA | 5
Sentidos

O QUINTO ELO trata dos nossos instrumentos de medida – nosso corpo, nossa sensorialidade. É representado por uma casa com seis janelas na Roda da Vida. Suas aberturas representam a visão, audição, paladar, olfato, tato e mente abstrata. É como se o macaco do terceiro elo ficasse preso dentro da casa, espiando pelas janelas, um pouco acuado devido à limitação das paredes. Contemplar o quinto elo é observar nossos instrumentos de medida, nos tornamos observadores do conjunto dos nossos sentidos.

O quinto elo tem uma grande conexão com a ciência, porque os cientistas criam e utilizam muitos outros sentidos "eletrônicos", projetam e constroem instrumentos para detectar, identificar e medir os mais diversos fenômenos. Por exemplo, quando lecionei no Departamento de Física da Universidade Federal do Rio Grande do Sul, acompanhei o desenvolvimento de um medidor de radiação solar construído por um aluno. Criamos uma nova relação com os objetos à nossa volta na forma de um medidor de radiação solar.

Quanto mais inusitados e precisos os instrumentos de medida criados, mais perspectivas de observação da realidade surgem, e com elas as mais diversas análises, aplicações e avaliações. Por mais sofisticados que sejam, tais instrumentos não têm condições de oferecer uma visão final da realidade. Por isso as teorias científicas se sucedem com o passar do tempo. Nenhuma teoria poderia abarcar todas as possibilidades. Sua Santidade o Dalai Lama costuma brincar, dizendo que os cientistas são pouco céticos, pois sustentam muitos enunciados como se fossem inerentemente verdadeiros, ou seja, como se dessem solidez ao conjunto sempre cambiante de ideias nascido do encontro dos nossos olhos com os objetos, percebidos como externos e autônomos em sua manifestação.

Podemos contemplar uma conexão direta entre o que se estuda no quinto elo e a física quântica. O físico Niels Bohr, um dos representantes dessa escola, usa os termos "ambiguidade" e "não ambiguidade" para evidenciar suas proposições. Ele diz que a filosofia natural trata de forma ambígua a questão da medida das coisas, a questão da aferição da realidade. Para superarmos a ambiguidade, é necessário percebermos que a separação, a distinção entre o objeto e o instrumento de medida, é arbitrária. Nós arbitrariamente dizemos: eu corto aqui; essa parte é o objeto, e essa outra é o instrumento de medida.

Observando a história da ciência, Bohr se deu conta de que um fenômeno é composto pelo conjunto interdependente formado pelo objeto e o instrumento usado para conhecê-lo, mais o observador (no caso, o cientista) e suas teorias. Quando resolvo dizer que aquilo que vejo é o objeto, estou colocando nele as propriedades do fenômeno. Mas, na verdade, nunca tenho o objeto como algo que eu possa ver separado, porque só posso vê-lo através dos fenômenos que surgem conjuntamente com o instrumento. Então, quando o objeto interage com o instrumento, surge um evento cognitivo com aparência de evento externo e concreto. Esse evento é completamente inseparável da forma como foi construído pelo olhar do cientista, ou seja, pelo modo como a relação ocorreu. Se eu tirar o instrumento que propicia o espaço de encontro ou interface entre sujeito e objeto, o evento não acontece. Se eu trocar o instrumento, terei outro evento.

Na filosofia encontramos essa mesma compreensão na obra de Kant. Ele afirmava ser impossível conhecer o "objeto em si", dizia que tal conhecimento é inatingível para a razão. A mente funcionaria com base em uma certa percepção dos fenômenos como um conjunto de asserções nascidas a partir da intuição transcendental e *a priori* de tempo e espaço, ou seja, uma primeira interface entre os sentidos físicos e a realidade exterior, um local de encontro. Posteriormente, e já mediados por categorias transcendentes do conhecimento ou da razão, os objetos que aparecem externamente como fenômenos surgiriam internamente como conceitos, uma abstração de fato. Há uma frase clássica no pensamento de Kant na qual ele afirma que os conceitos sem objetos são vazios, enquanto que os objetos sem conceitos são inexistentes, ressaltando a interdependência desse duplo grau de realidade.

Voltando à física, pensamos que estamos medindo uma partícula de um átomo qualquer e que a propriedade é da partícula. No entanto, a propriedade é do experimento como um todo. Se fizermos outro tipo de experimento com outro aparelho, teremos outro resultado, algo diferente. Então vamos dizer que aquela partícula tem duas propriedades. Até aí tudo bem, contanto que elas não sejam contraditórias. Quando encontramos propriedades contraditórias, ficamos surpresos.

Niels Bohr diz que só conseguimos superar essa ambiguidade se, ao descrevermos a partícula, também o fizermos em relação ao instrumento de medida utilizado. Além disso, é indispensável descrever o experimento, as teorias e perguntas do cientista que compuseram esse processo. Portanto, para Bohr, aquilo que vemos como partícula é inseparável do equipamento experimental, do experimento, das perguntas e paradigmas (teorias) que o cientista utiliza. Muito antes da filosofia de Kant e da física quântica de Bohr, os budistas já haviam percebido a inseparatividade entre sujeito e objeto.

*"Quanto mais inusitados e precisos os **instrumentos de medida** criados, mais perspectivas de observação da realidade surgem, e com elas as mais diversas **análises, aplicações e avaliações**. Por mais sofisticados que sejam, tais instrumentos não têm condições de oferecer uma visão final da realidade."*

OS FENÔMENOS DANÇAM | 59

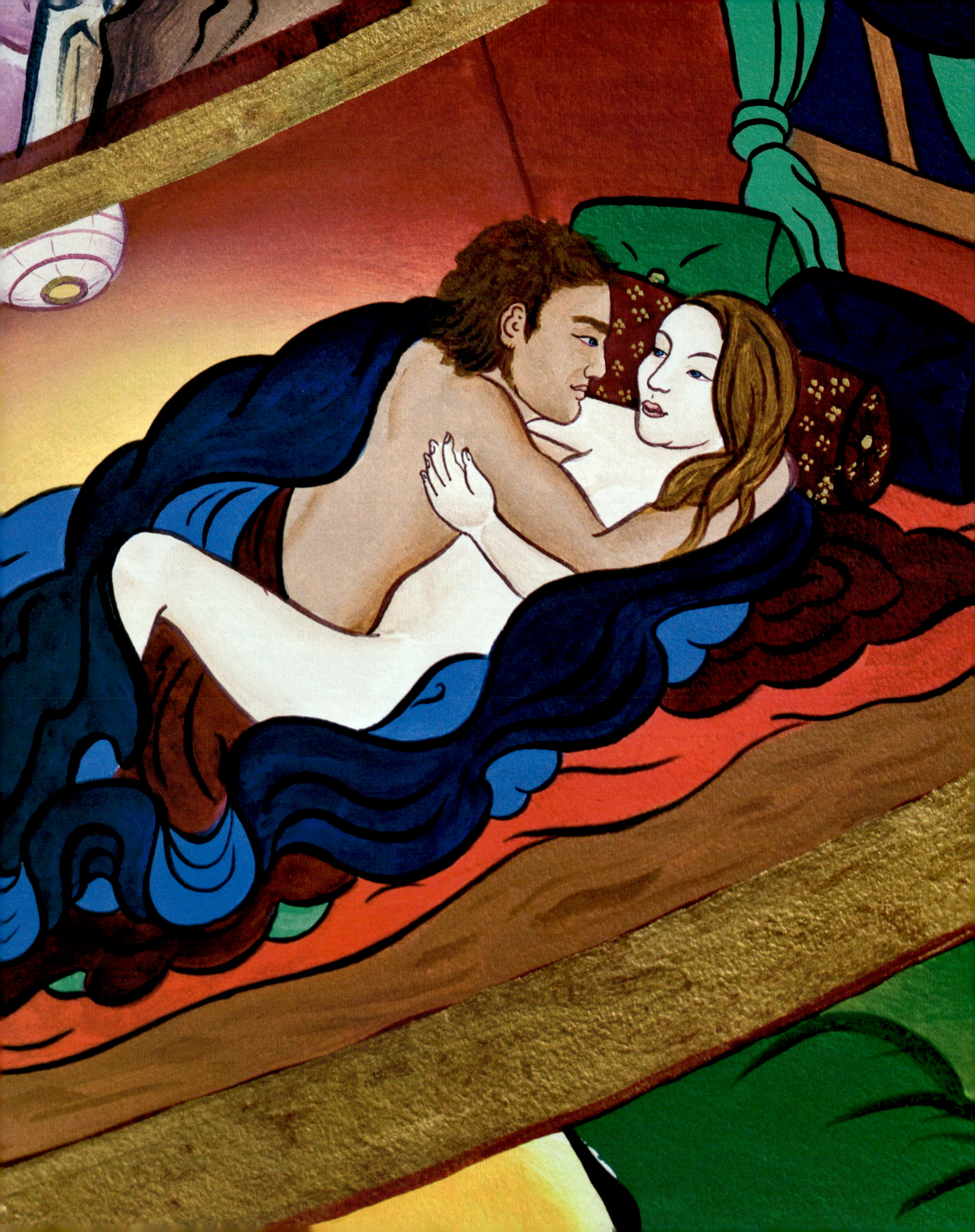

SPARSHA | 6
Contato

Sparsha é a utilização das seis faculdades dos sentidos, o encontro dos sentidos com os objetos. Na sexta etapa dos 12 elos da originação interdependente, estabelecemos o contato e usamos a materialidade como se fosse nossa expressão. Na figura da Roda da Vida, sparsha é simbolizado por um bebê no seio da mãe ou por um casal de namorados. Quando surge sparsha, surge o corpo operando no seu universo.

Quando pensamos no contato como um referencial sólido, inferimos que nossa percepção da realidade é objetiva. Essa é a posição dos cientistas e dos filósofos que consideram o experimento a forma de julgar a realidade daquilo que é experimentado. Isso significa que o contato que fazemos possuiria uma objetividade capaz de definir o que é verdadeiro e o que não é. Em termos muito simples, quando dizemos "eu gosto" ou "eu não gosto", ou "isso é vermelho e aquilo é azul", a experiência do contato parece ser um parâmetro suficiente para validar nossa posição diante do objeto.

No sexto elo passamos a usar os sentidos físicos, mas ficamos muito limitados dentro disso, como um macaco preso dentro de uma casa. A mente é ampla, mas torna-se estreita devido à capacidade reduzida de percepção através dos sentidos físicos. Porém, o estreitamento nos passa despercebido.

A ciência moderna comprova o pensamento budista ao oferecer inúmeros exemplos de nossas limitações sensoriais. Vejamos a luz e o olho. A luz é uma gama variada de frequências luminosas, e o estudo da fisiologia revelou que o olho humano só capta uma estreita faixa da radiação eletromagnética presente no ambiente. Por meio de aparelhos, conseguimos detectar outras frequências de luz.

Diante de uma tela de televisão ou computador, nossos olhos identificam as imagens produzidas a partir de ondas de rádio convertidas em luz. Telescópios captam imagens do universo, e vemos planetas e buracos negros muito distantes no espaço e no tempo como se estivessem diante de nossos olhos. Vemos coisas que antes não veríamos naturalmente, e podemos perceber que nossos olhos não veem tudo que pode ser visto.

Nossos sentidos físicos são limitados, mas temos a sensação inconsciente de achar que o universo se resume ao que aparece a eles. A maior parte dos objetos que conseguimos pensar são produtos de experiências sensoriais. Nesse ponto já é difícil imaginarmos alguma coisa que não possamos ver, ouvir, cheirar, saborear ou tocar. Nossa mente opera limitada à restrição natural dos sentidos físicos.

Quando fazemos contato, a percepção do objeto e o contato com ele parecem a mesma coisa. Isso é a operação da delusão. Feche os olhos e tente ver alguma coisa. Abra os olhos. É simples: o que temos é o olho que está vendo.

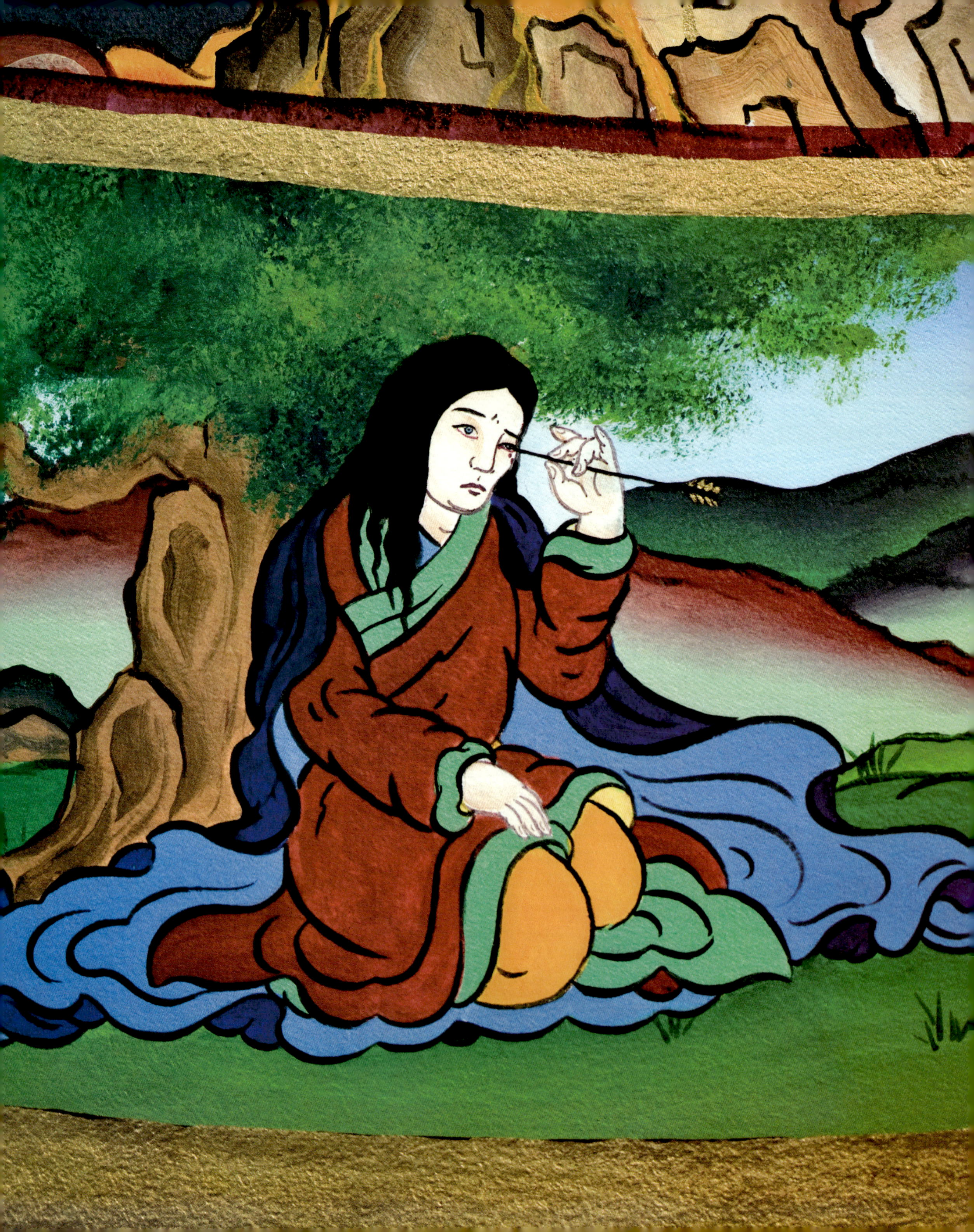

VEDANA | 7
Escolhas

Na figura da Roda da Vida, vedana, o sétimo elo, é simbolizado por uma pessoa que enfia uma flecha no próprio olho; surge uma cegueira adicional. Aqui simplificamos todas as etapas anteriores e baseamos todas as fases seguintes em uma sensação. Ocultamos os seis elos anteriores. Não olhamos mais a microestrutura. O fato de termos uma sensação boa justifica tudo. Avidya adquire grande poder nesse momento.

Social e culturalmente, quando uma coisa é boa, agradável, já está justificada por si mesma. Isso significa a flecha no olho. As pessoas que se drogam dizem que a droga é muito boa. Até querem sair daquilo, mas o problema da droga é que ela é realmente muito boa. Existe um mecanismo de fixação. O fato de alguma coisa ser boa nos tira toda a defesa. Quando algo parece bom, ficamos apenas com esse referencial, aprisionados no processo de vedana. É muito difícil gerarmos liberdade em relação a esse elo porque não queremos nos desvencilhar dele. Tudo vai bem, gostamos, estamos realmente satisfeitos. O que queremos é garantir vedana.

Se fosse necessário abandonar vedana para seguir um caminho espiritual, a maioria das pessoas desistiria. Entramos em um caminho espiritual porque queremos nos sentir bem. Esse é um ponto delicado. Uma questão com a qual os santos se defrontam. Eles dizem que não importa sentir-se bem ou não. Na verdade, até preferem não se sentir bem. Mas não é uma boa solução, porque não é liberação. Eles continuam usando o mesmo referencial, só que em outra direção.

Os vedanas – as experiências de gostar/não gostar, querer/não querer – não surgem do objeto que contemplamos. Já vimos que a experiência de gostar e não gostar sempre parece surgir referida a algum objeto dos cinco sentidos físicos ou do sentido abstrato (consciência a partir dos sentidos). O objeto aparece a nós e respondemos a ele com um "gosto" ou "não gosto", "quero" ou "não quero".

No entanto, percebemos que o "gosto/não gosto" é uma experiência de gostar ou não gostar. Os praticantes budistas olham para essa experiência e dizem: "É manifestação da delusão da mente". Eles percebem o aspecto criativo, luminoso, mágico, que existe nas características que vemos nos objetos.

Tendo por base essa visão deludida, manifestamos atração ou aversão diante de objetos concretos. Podemos agir da mesma forma com objetos abstratos. Existe uma perspectiva, uma paisagem mental atuando em cada objeto que vemos. Essa paisagem mental dá significado, serve de base para as características que surgem através da delusão. As características são experiências, nós as vemos sustentadas por uma energia de ativação. Enquanto contemplamos nossa mente operando, podemos espreitar essa energia surgindo ou não surgindo.

Podemos contemplar vedana por meio de uma barra de chocolate. Ao olhá-la podemos comê-la ou não. No entanto, não podemos evitar que surja a atração pelo chocolate. Avidya opera produzindo a atração pelo chocolate, mas não vemos o fato do surgimento, apenas reagimos a ele, temos desejo ou aversão pelo chocolate. Nem percebemos que existem liberdades e prisões surgidas da aparência do chocolate. A prisão está em vermos de modo completamente natural o chocolate surgindo com toda sua atração. Ela não está em comê-lo ou rejeitá-lo, essa opção já é o chocolate nos enganando. Existe uma ocultação desse fato. Quando o chocolate aparece, ele oculta o fato de que está aparecendo. Toda a nossa experiência sensorial é legitimada pelo fato de que ele aparece.

A maior parte das pessoas têm sua experiência de observação mais íntima, mais sutil, no aspecto de gostar e não gostar. A coisa mais profunda que conseguem ver dentro de si é se gostam ou não gostam de um objeto, situação, pessoa ou lugar. Às vezes temos a sensação de que somos mais nós mesmos quando fazemos o que gostamos e não fazemos o que não gostamos.

Criamos complicações internas quando ocultamos o gostar ou não gostar de algo. Somos ensinados a conter nossos impulsos através de disciplina e construímos identidades a partir dessas características adquiridas e escolhas de nosso entorno cultural. Isso é o processo civilizatório. Essencialmente, não vamos fazer tudo de que gostamos, nem evitar tudo de que não gostamos; tampouco ficaremos indiferentes a tudo que desejaríamos ficar. Seremos educados para ficar atentos a coisas que não veríamos, aprenderemos como passar pelo que não gostamos e como ficar bem quietos frente ao que gostamos. Seremos domesticados.

Mais adiante necessitaremos dos psicólogos para nos ajudar a revelar essas estruturas escondidas, liberar as couraças e sofrimentos, para que possamos nos expressar de forma mais livre, para que possamos conviver com nossas fragilidades e nossos erros. Para que possamos nos expressar de uma forma mais nítida, mais clara. Não precisamos estar certos sempre! Esse é um trabalho importante para nos recompormos, nos estruturarmos para operar no mundo de uma forma melhor.

No entanto, na psicologia budista fazemos uma outra coisa. Dinamitamos esses processos um por um. Ou seja, reconhecemos que essa estrutura de gostar, não gostar ou ser indiferente não é uma boa conselheira. Expressar claramente do que gostamos, não gostamos e somos indiferentes permite-nos transitar no mundo de forma autêntica, mas não resolve nosso problema. Por quê? Porque continuamos com contradições internas. Há coisas de que gostamos; perseguimos essas coisas e vemos que isso produz sofrimento em outras pessoas, o que termina nos atrapalhando. Podemos também olhar profundamente dentro de nós e perceber que aquilo de que pensamos gostar parece desagradável sob outra perspectiva. Vemos então que o referencial de gostar e não gostar não é sólido o suficiente.

Percebemos que o gostar ou não gostar é produzido pela qualidade de luminosidade da mente e é impermanente. Às vezes gostamos de algo que, após um tempo, deixamos de gostar. Como o gostar é impermanente, vemos que foi sustentado durante um tempo pela luminosidade, que a seguir passou a sustentar o não gostar. Todos nós temos essas experiências em relação ao carro, ao trabalho e às pessoas com quem convivemos.

Vemos pessoas que têm tudo o que queriam, mas já não querem mais nada daquilo. Se lhes perguntam: "Mas o que é que você quer agora?", a resposta é: "Não sei". Essa é a tragédia da nossa vida. Tudo é impermanente porque foi produzido carmicamente pela luminosidade, mas parece real, concreto, vivo, permanente. Sentimos que temos que viver aquilo. Vivemos e depois perceberemos que o conteúdo produzido pelo carma se esgota. Como uma vela que se consome até o fim e se apaga, os conteúdos cessam. Ou seja, o impulso, toda estrutura que não sabemos de onde veio, cessa completamente.

Portanto, essa estrutura de gostar ou não gostar não serve. Mas é o referencial que usamos. Então, é natural que tenhamos muitos problemas. Essa é a origem de dukkha, do sofrimento, explicada pelo Buda na primeira e segunda Nobres Verdades.

*"Os vedanas – as experiências de **gostar/não gostar, querer/não querer** – não surgem do objeto que contemplamos. Já vimos que a experiência de gostar e não gostar sempre parece surgir referida a algum objeto dos cinco sentidos físicos ou do sentido abstrato (consciência a partir dos sentidos). O objeto aparece a nós e respondemos a ele com um "gosto" ou "não gosto", "quero" ou "não quero".*

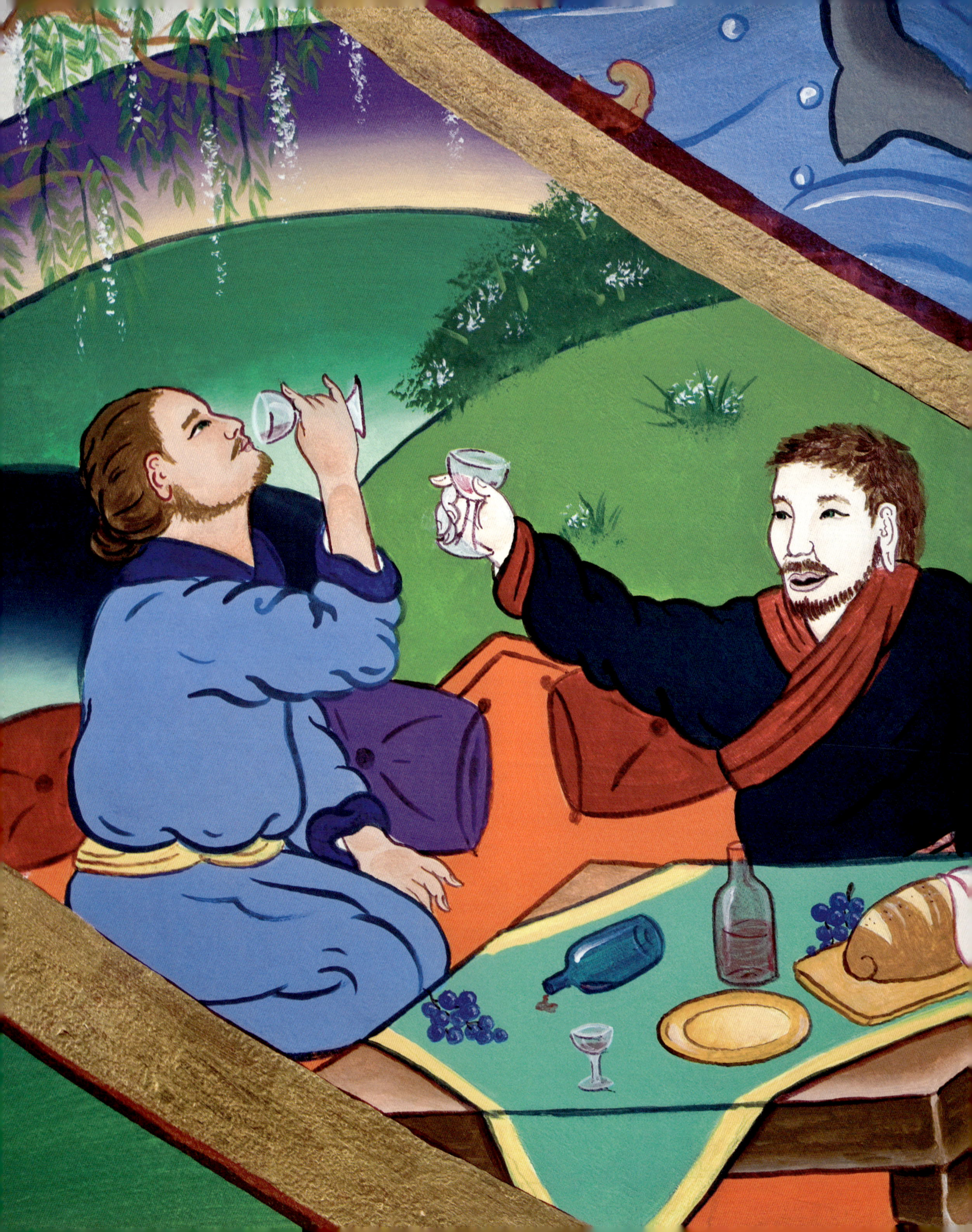

TRISHNA | 8
Desejo

Com base em vedana, o que fazemos? Se achamos que uma coisa é boa, tentamos sustentar e reproduzir a sensação. Quando não gostamos de algo, tentamos sustentar uma proteção frente ao que nos parece desagradável. O oitavo elo, trishna, é representado na Roda da Vida por uma pessoa tomando chá. Também poderia ser representado por amigos conversando na mesa de bar, planejando, plantando, construindo. Podemos dizer que trishna é a aspiração da expansão daquilo que se provou. Nesse caso, podemos incluir a ação também – como a ação de plantar uma árvore para se obter muitos frutos.

Tentamos sempre construir, elaborar uma situação: "Para tal coisa funcionar, nada melhor do que..." Temos propósitos que dependem das circunstâncias. Vejamos o exemplo de uma pessoa que tem um trailer de cachorro-quente. No momento em que percebe que tudo vai bem, ela planeja ter dez traileres. Quando faz a conta no final do mês e percebe que está ganhando dinheiro, ela quer multiplicar.

Quando chegamos ao oitavo elo, podemos perceber: "Sim, claro, planejei isso. Da mesma forma, poderia ter planejado outras coisas. Eu construí isso, mas não precisava ter sido assim." Outra vez, existem abundantes exemplos de que isso é uma liberdade que exercemos, e que não precisamos ficar presos. Vemos que, enquanto planejávamos alguma coisa, estreitamos nossa visão; avidya estava junto operando.

No oitavo elo nós plantamos a árvore, por meio disso aspiramos colher todos os frutos que desejamos, um após o outro. Se alguém tenta mostrar que tudo isso não é necessário, contestamos: "Não, você não entende porque você não provou chocolate. Se tivesse provado, saberia por que eu tenho uma fábrica agora." Vamos, então, encontrar pessoas aprisionadas fazendo coisas que um dia gostaram de fazer. Talvez já não gostem mais, mas durante um período aquilo as mobilizou.

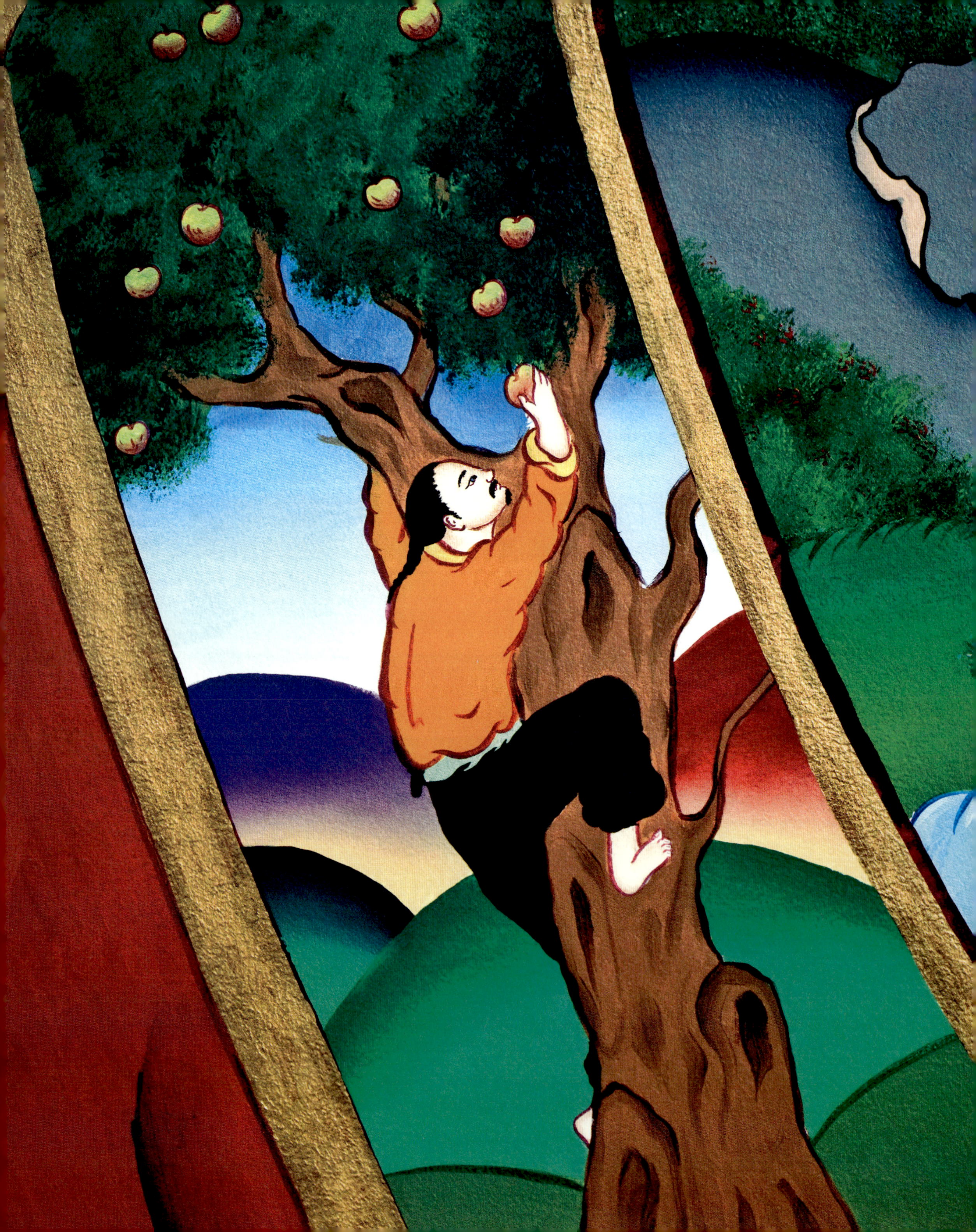

UPADANA | 9
Ação Contaminada

Porque planejamos e plantamos, vamos com certeza colher. Na Roda da Vida, o nono elo, upadana, é simbolizado por uma pessoa colhendo frutos em uma árvore. Ela colheu os frutos muitas vezes, tornou-se capaz de fazer alguma coisa, como um médico que foi treinado, primeiro dissecando cadáveres, até aprender a lidar com o ser vivo. Através de um processo lento, gradual e sistemático, ele gerou a aptidão que um dia lhe permitiu dizer: "Sou médico, tenho um diploma". Esse conjunto de experiências anteriores ao surgimento representa a nossa origem. Fizemos muitas vezes alguma coisa, portanto, dizemos com um grau razoável de convicção: "Eu sou aquele que sabe fazer tal coisa".

Porque colhemos com sucesso os frutos de uma árvore, essa árvore é o nosso mundo. Dizemos: "Eu sei me relacionar com o mundo! Obtenho dele o que preciso. O mundo é assim, e eu sou assim." Nossa experiência de mundo tem por base a experiência de upadana. Existem vários exemplos que podem caracterizar esses universos operando. Um deles é a soberba da cavalaria polonesa na Segunda Guerra Mundial. Todos os cavalos gordinhos, tudo funcionando muito bem. E aí chegaram os tanques e motocicletas alemãs invadindo e dominando tudo. Foi uma guerra rápida, os poloneses não tiveram a menor chance. O mesmo aconteceu com os tibetanos, eles não tiveram nenhuma chance. Os chineses construíram primeiro as estradas, depois entraram com os exércitos.

No entanto, quando estamos montados em um cavalo com uma lança na mão, sabemos o que podemos fazer. Temos sucesso naquilo, fazemos demonstrações, participamos de competições, tudo está legitimado. Estamos colhendo os frutos de uma árvore, mas a árvore está prestes a morrer. Aquele universo está se tornando insustentável e vai desaparecer. No entanto, continua produzindo frutos. Tudo aquilo é um universo, podemos criar um ranking: "Eu tenho sucesso, sei fazer isso, sei fazer mais rápido do que todos". No entanto, aquele universo inteiro que está produzindo frutos não irá além de um certo limite. Mas, quando estamos presos aos frutos que estamos colhendo, nem nos damos conta disso, tudo parece perfeito.

Podemos olhar essa experiência de sucesso aparente como uma ação em um universo no qual avidya está oculto. Quando reconhecemos as liberdades, constatamos que podemos escolher a árvore a qual estamos nos vinculando, ou uma outra. Se não temos a experiência de escolher a árvore, seguimos colhendo os frutos da mesma árvore de sempre e tudo parece perfeito. O problema é quando nossa vida fica presa ao tipo de árvore que estamos focando. Não há como afirmar que aquela experiência que estamos repetindo vá funcionar sempre. É o caso de nossa sociedade globalizada, fundamentada em referenciais econômicos. Tudo parece natural, lógico, sofisticado, ao mesmo tempo surge a ameaça da insustentabilidade. Ficamos atônitos, surpresos. Parece injusto. Parece difícil ver alternativas viáveis.

Mas no nono elo tudo ainda funciona. Estamos fixados em uma árvore, produzindo um movimento específico, os frutos vão surgindo e temos a satisfação correspondente.

Se percebemos a liberdade, tudo está resolvido, podemos redirecionar nossa ação, escolher outras árvores. Caso contrário, vamos justificar: "Me custou muito montar tudo isso. Planejei com muito cuidado, isso não caiu do céu. Nunca vou abrir mão disso..." Assim seguia a cavalaria polonesa. As locomotivas a vapor também funcionaram bem um dia, e os veleiros e os bondes. Os computadores de dez anos atrás continuam funcionando, só que ninguém precisa mais deles, aquilo passou. Tudo passa, não percebemos porque estamos fixados. A limitada visão de realidade produzida pelos elos anteriores e a decorrente montagem de todo um aparato complexo e de difícil manutenção é a razão pela qual não abrimos mão da árvore que está produzindo frutos, ainda que esteja morrendo ou nos matando.

*"Estamos **colhendo os frutos** de uma árvore, mas a árvore está prestes a morrer. Aquele universo está se tornando insustentável e vai desaparecer. No entanto, continua produzindo frutos. **Tudo aquilo é um universo,** podemos criar um ranking: 'Eu tenho sucesso, sei fazer isso, sei fazer mais rápido do que todos'. No entanto, aquele universo inteiro que está produzindo frutos não alcança mais do que um certo limite."*

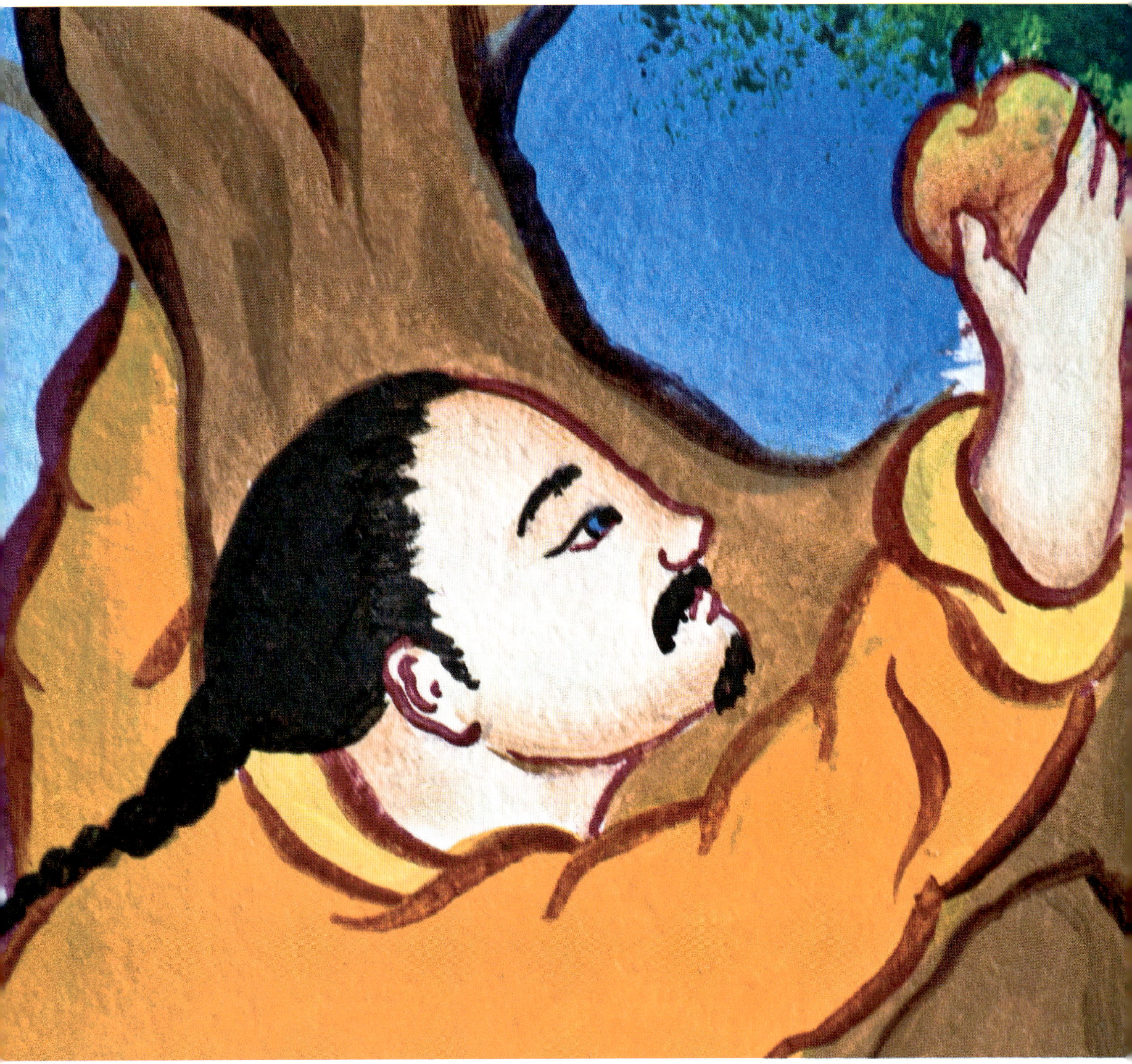

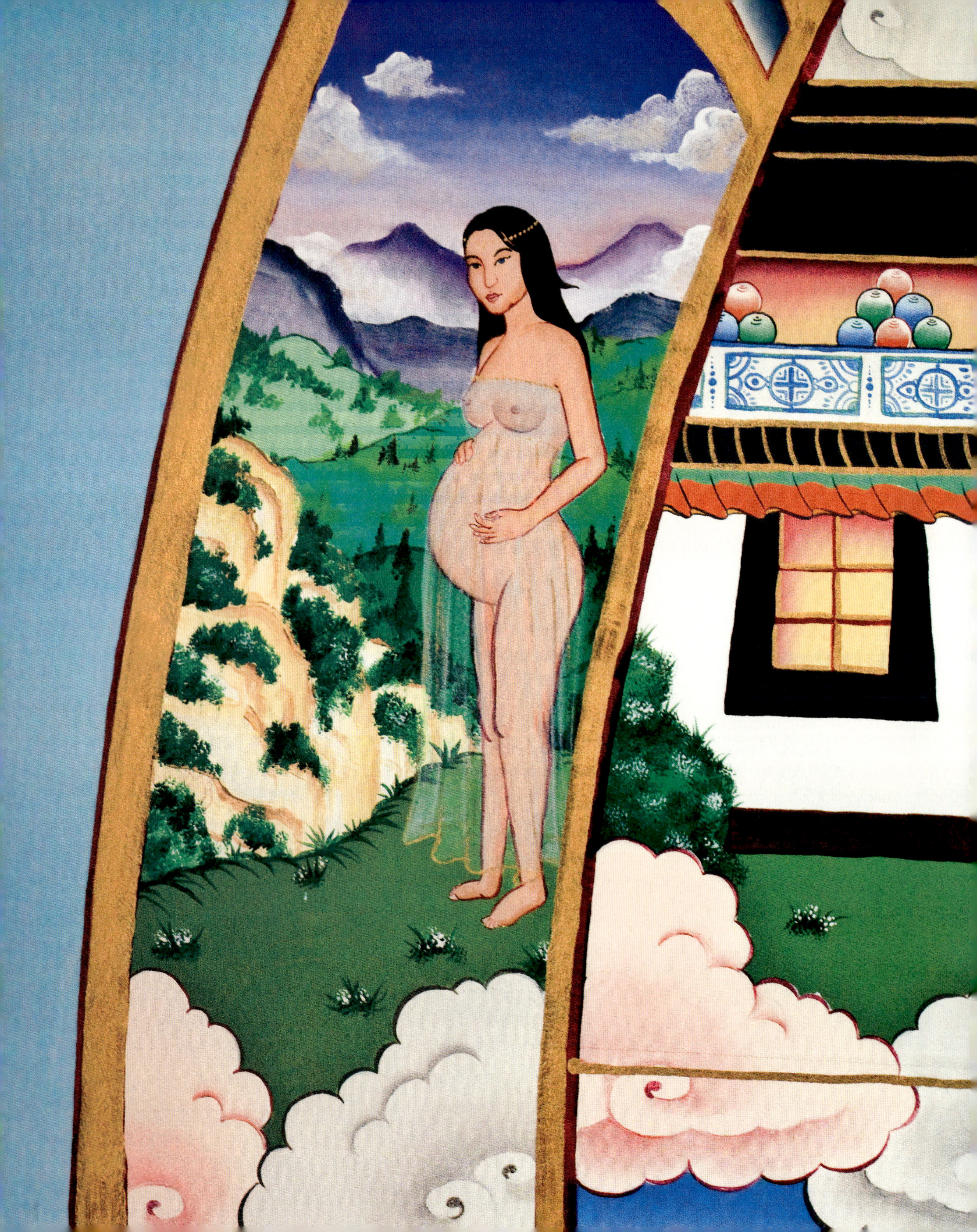

BHAVA | 10

O mundo é assim

Na Roda da Vida, o décimo elo, bhava, é representado por um casal fazendo amor. Poderia também ser representado por uma mulher grávida. Nessa etapa, surgimos dentro de um universo. Solidificamos nosso universo. Em certo sentido, trata-se de um nascimento. Entretanto, o nascimento não precisa necessariamente ser representado por um casal que vai tornar isso realidade. O melhor sentido é de renascimento, que ocorre quando uma pessoa se descobre dentro de um universo próprio. Alguém que fita o céu sem perceber que seus olhos e o universo percebido são inseparáveis.

Há também uma soberba. Dizemos: "Conheço o mundo, sei como as coisas funcionam, tenho experiência. Vou lhe explicar, o mundo é assim. Se quiser ter sucesso, faça como eu." Temos essa sensação de soberba muitas vezes. Quando descrevemos o mundo, descrevemos a nós mesmos. Vamos encontrar muitas pessoas de sucesso, e todas descreverão o mundo, cada uma de um jeito, porque são mundos particulares. Explicamos por que determinada coisa parece inteligente. Temos não só a compreensão, mas também a emoção correspondente. Não percebemos as limitações e confusões, e podemos mesmo nos sentir integrados, realizados na vida. Surge energia associada a cada uma dessas visões. Ainda assim, todos esses mundos são artificiais, particulares, frustrantes e perecíveis.

Qualquer experiência que possamos ter é perecível. Basta ver o passado. Nações poderosas, verdadeiros microcosmos, desapareceram. Os deuses pagãos desapareceram, a teoria clássica da física também. Visões cosmológicas desapareceram, tudo desaparece, uma coisa após a outra. Tínhamos a cosmologia grega, a cosmologia geocêntrica, a cosmologia de Descartes, e tudo isso desapareceu. A visão bíblica de mundo também não é mais aceita na íntegra como um relato histórico.

Toda mudança, nesse sentido, diz respeito à bhava. Quando, por exemplo, os ex-oficiais nazistas foram julgados, isso ocorreu fora do contexto que havia quando executaram suas ações. Quando cometeram aqueles crimes, seu universo era completamente diferente, eles estavam dentro de uma construção totalmente diferente da construção na qual foram julgados. Isso é bhava, o Reich desabou, morreu. O mundo de significados e justificativas desapareceu.

No décimo elo a pessoa se identifica com estruturas de resposta e ação, com escolhas, e estabelece sua rigidez. Nesse sentido, é o ponto onde constrói as causas de suas futuras tragédias. Referida a essas estruturas, bhava, a pessoa comete ações. Quando olhamos nossas ações a partir de outros referenciais e identidades, outras formas de bhava, o que fizemos em outro contexto parece trágico. Se olhamos nossa infância à luz dos dias de hoje, também temos visões completamente diferentes. A própria visão do que tenha sido nossa vida muda. Essa é a razão pela qual muda o próprio passado!

Bhava é um conceito muito importante – é identidade e mundo ao mesmo tempo. Os dois são inseparáveis. O processo pessoal de delusão se transforma agora em uma delusão cósmica.

A delusão se oferece em vários níveis desde avidya. Ela se manifesta em camadas e vai selando cada nível. Agora, no nível de bhava, tudo brota como visão de mundo e reconhecimento de uma identidade pessoal. O gostar e não gostar já quase desaparece porque automatizamos o processo, nós sabemos "como as coisas são", como elas funcionam. Achamos tudo muito natural, são as "evidências da vida". Estamos usando a causalidade: "Eu tenho a experiência; portanto, o mundo é assim".

Agora, se percebemos o décimo elo como liberdade, vemos a limitação de nossa visão como avidya, a ocultação que avidya proporciona, e a ocultação da ocultação. Aí temos liberdade, podemos transitar de uma paisagem para outra, e o sofrimento do décimo elo torna-se opcional. Podemos seguir com o sofrimento ou não, porque temos liberdade frente à paisagem. Quando temos liberdade, extinguimos o décimo elo pelo reconhecimento da atuação de avidya. Saltamos do décimo para o primeiro elo. Se não percebemos isso, se não reconhecemos a liberdade da construção de paisagens e identidades, o processo de prisão segue com a arrogância rígida da forma causal usual: "Eu sei como é que a coisa toda funciona, e as coisas sempre funcionaram assim…"

*"Bhava é um conceito muito importante – é **identidade e mundo ao mesmo tempo**. Os dois são inseparáveis. O processo pessoal de delusão se transforma agora em uma **delusão cósmica**."*

OS FENÔMENOS DANÇAM | 75

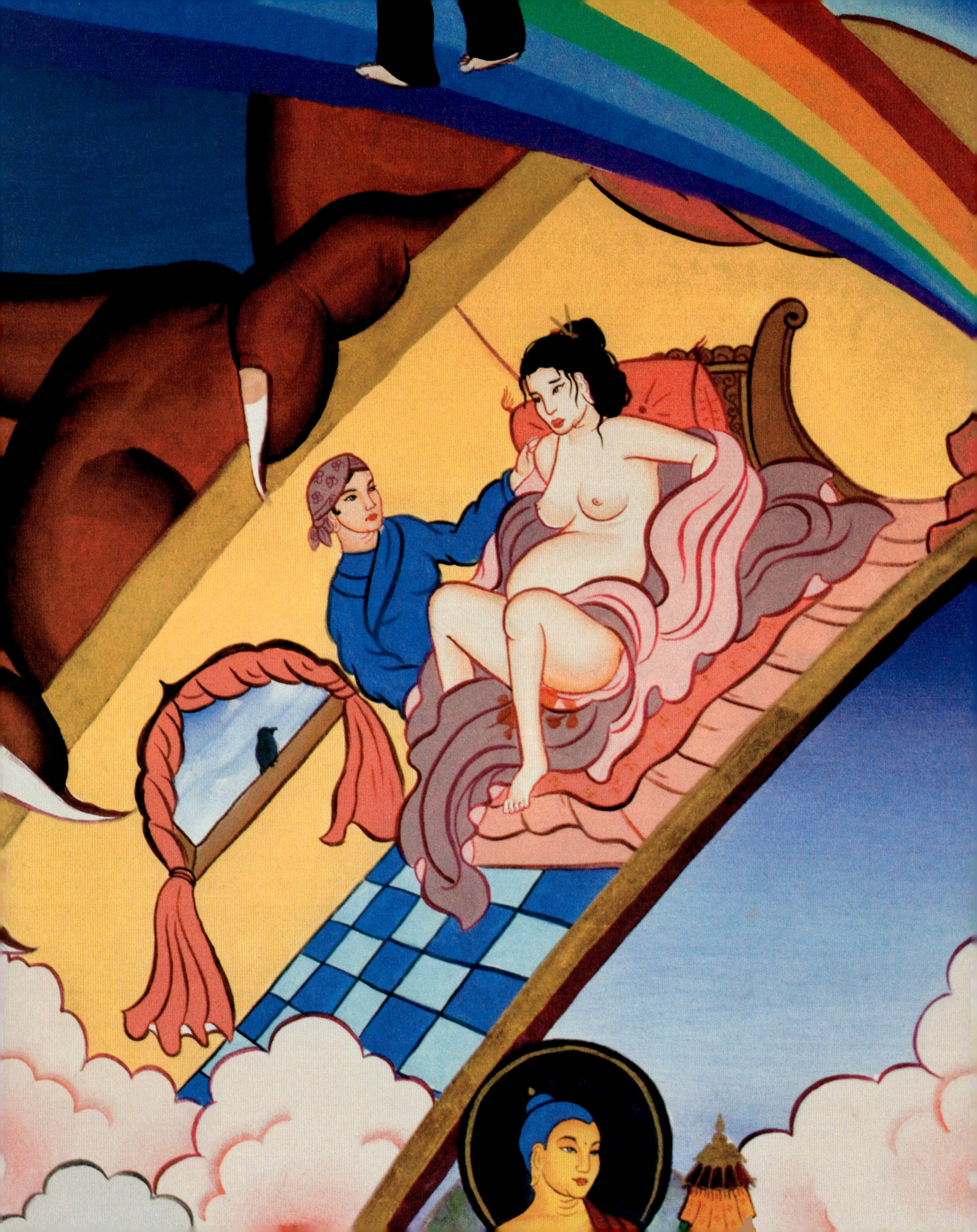

JETI | 11
Circunstâncias da vida

Jeti significa "circunstâncias da vida", e na Roda da Vida é simbolizado por uma criança nascendo, ou seja, o ser vai passar por nascimento, crescimento, envelhecimento, decrepitude e morte. Mas o ponto importante das circunstâncias da vida é que estamos sempre ocupados tentando equilibrar alguma coisa. Enquanto crescemos, buscamos estabilizar alguma coisa. O mesmo acontece quando amadurecemos e envelhecemos. Os aspectos de crescimento, envelhecimento e decrepitude são somente o aspecto externo do processo. O que movimenta tudo isso? Nosso esforço para manter um universo em equilíbrio.

Esse elo poderia ser simbolizado por um equilibrista girando pratos. Ao longo da vida, a pessoa aumenta o número de pratos até um determinado ponto. Depois, no envelhecimento e decrepitude, o número de pratos começa a diminuir. Chega um momento em que só gira um prato – o corpo; a pessoa come e dorme, é tudo. Mais tarde, eventualmente, ela ainda precisa de um apoio mecânico para ajudar o prato a girar. Mais adiante, nem assim dá. E, finalmente, ela morre. O envelhecimento é caracterizado pela perda de habilidade, pela redução das facilidades de se movimentar em meio a bhava, tudo em volta começa a não funcionar direito.

No décimo-primeiro elo, vemos a situação da seguinte maneira: "Tenho urgências: tenho que levar as crianças para o colégio, trabalhar, pagar as contas..." Todas essas exigências são sólidas, é a nossa vida, não pensamos como poderia ser de outra forma. Nem temos tempo para avaliar seja lá o que for. Sentimos claramente que temos mais exigências práticas do que somos capazes de atender. Temos urgências, temos prioridades que tocamos para frente de uma forma incompleta, e temos coisas que deixamos para um futuro que talvez não surja.

A experiência da vida se traduz como a experiência de um equilibrista. Pensamos que a vida é simplesmente a ação do equilibrista. Mas a vida está ligada à motivação do equilibrista em equilibrar. Por exemplo, no cotidiano nos vemos trabalhando. Temos que fazer muitas coisas. Não temos sequer tempo de perguntar quem inventou a necessidade de termos que fazer muitas coisas, pois estamos sempre fazendo muitas coisas. Não temos noção de como isso começou, mas sentimos que temos que fazer a nossa parte.

Consideramos todas essas exigências naturais, normais, corretas, legítimas. E nos justificamos: "Eu sei como a vida é, eu sou um professor; tenho responsabilidades que não são poucas e das quais não posso fugir". Nossa ação prática e nosso impulso de movimento estão totalmente justificados por uma visão de mundo e por nossa identidade. Se nossa visão de mundo for, por exemplo, preguiça, também será justificada. Diremos: "Olha, não vou nem me mexer, não vale a pena".

No décimo-primeiro elo surge a atividade que consideramos incessante. Dizemos: "Preciso fazer isso!" No entanto, nunca surge o complemento: "Ou não!" Se acrescentamos o "ou não", surge uma dimensão de liberdade que, quem sabe, vamos usar. Em vez de dizer: "Eu tenho tais urgências", podemos dizer: "Eu tenho a experiência de ter tais urgências". E então podemos concluir: "Essa experiência de urgência é uma delusão, é um processo inseparável da minha estrutura, da paisagem mental na qual estou operando. Devo obedecê-la, ou não!"

Muitas vezes não nos damos conta de que ninguém é insubstituível. Pensamos que, se nós faltarmos, o universo desabará. No entanto, enquanto ocupamos uma posição, estamos impedindo que outra pessoa a ocupe. É necessário percebermos o outro lado da moeda: pode ser que não sejamos a melhor pessoa naquela posição. Quem sabe uma outra pessoa vai desempenhar a função melhor que nós. Estamos ocupando aquele espaço até por necessidade de uma identidade, precisamos de uma face.

Às vezes as pessoas têm uma surpresa. Por exemplo, uma mãe que sai de casa para fazer um retiro budista surpreende-se quando volta e encontra tudo em ordem. Ela pensa: "Como? Não sou indispensável? Como eles ousam imaginar que podem se equilibrar sem mim?" Ou os filhos podem dizer: "Sim, sim, mamãe, vá para o retiro. Deixe que aqui nós tomamos conta!" Vamos nos dando conta de que não somos indispensáveis como pensávamos. Mesmo assim, voltamos e nos sentimos indispensáveis de novo, e continuamos trabalhando, disparando ordens, colocando tudo nos devidos lugares, sem o que tudo desapareceria, é claro!

O processo do décimo-primeiro elo começa quando nascemos. A primeira respiração será seguida por outras, pelo resto de nossa vida. A última coisa que faremos também será respirar. Estaremos presos a um processo incessante, cíclico, de tentativa de manutenção de equilíbrio. Após o nascimento, vamos adicionando outras coisas, expandindo nossa atividade. Mas tudo que incorporamos opera por um tempo e depois para, e no final paramos de respirar.

A vida está inevitavelmente ligada a um processo de equilíbrio. É como a respiração, inspiramos e depois temos que expirar. Estamos sempre tentando equilibrar alguma coisa que está se desequilibrando, uma posição produz a necessidade da outra. Não há um momento em que possamos parar efetivamente de fazer isso. Assim, é natural que surja sofrimento quando não conseguimos equilibrar.

*"O processo do décimo--primeiro elo começa quando nascemos. A primeira respiração será seguida por outras, pelo resto de nossa vida. A última coisa que faremos também será respirar. Estaremos presos a um **processo incessante, cíclico, de tentativa de manutenção de equilíbrio.**"*

OS FENÔMENOS DANÇAM

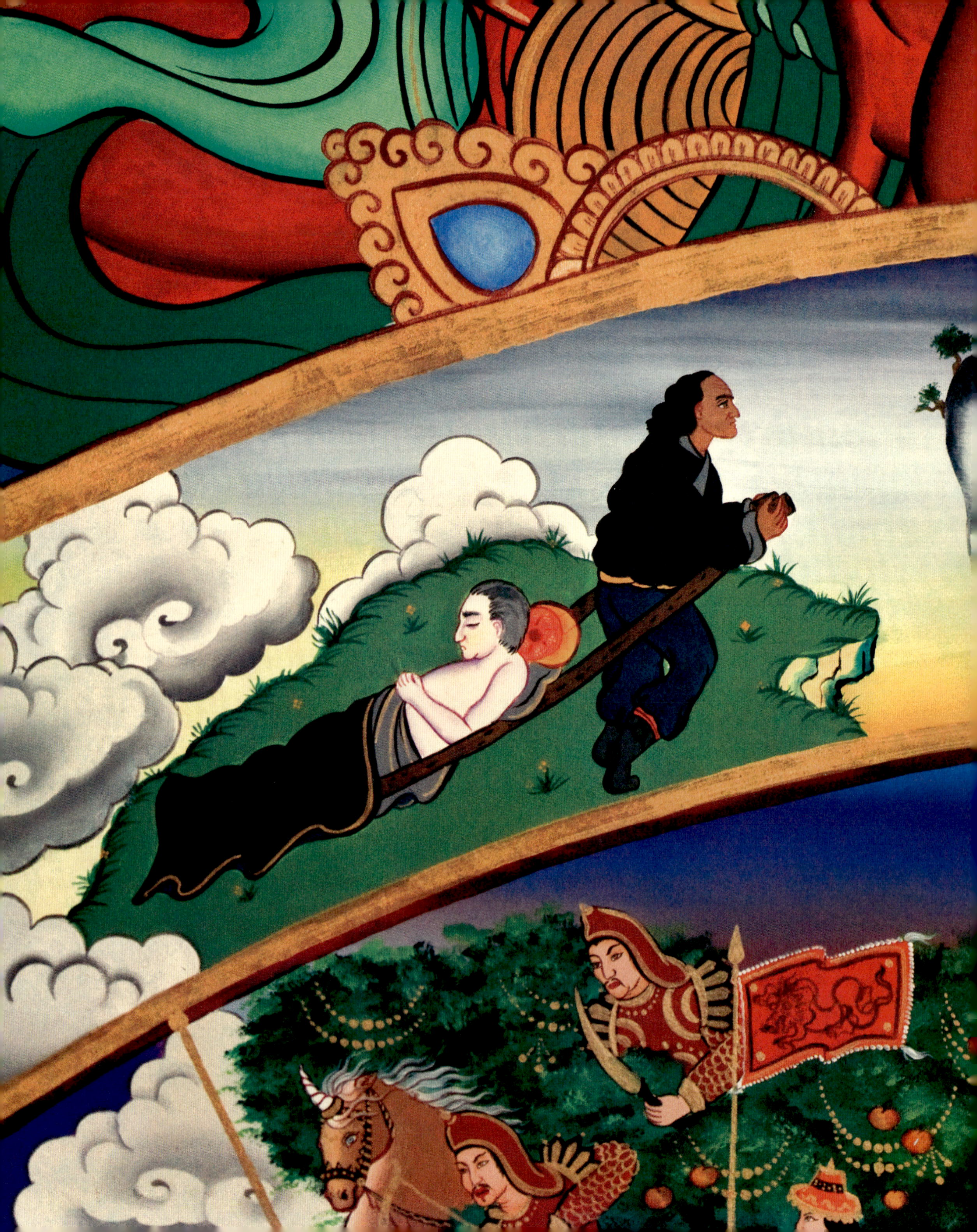

JANA-MARANA | 12
Envelhecimento e morte

Quando começamos a ter dificuldades com o equilíbrio da existência, entramos no décimo-segundo elo, ou seja, começa o sofrimento ligado a isso. Por exemplo, se estamos com insuficiência respiratória, ainda não morremos, mas respiramos mal. Quando o desequilíbrio passa de um ponto, o sistema que produz o equilíbrio se desfaz, se fragmenta. Assim é a morte.

Podemos compreender que também passamos por uma experiência de morte quando perdemos o emprego, por exemplo. O trabalhando sustenta nossa identidade profissional, que morre com a perda do emprego.

Isso também se verifica nos relacionamentos. Em todas as relações – casamento, família, amizades, escola, trabalho etc. – percebemos movimentos. Tem dias em que tudo está bem; noutros, nada está bem. Quando as coisas vão mal, tentamos o reequilíbrio, buscando uma harmonia com os demais envolvidos no relacionamento. Agora, quando as pessoas não olham umas para as outras e não sustentam um equilíbrio, afastam-se rapidamente. As relações necessitam de cuidados; elas têm dias melhores, dias piores, dias em que estão em coma, mas depois, milagrosamente, recuperam-se. Às vezes morrem e ressuscitam. Nossas relações operam desse modo.

Se tentamos sustentar o insustentável, entramos em agonia. Temos uma sensação de grande desgaste. Vemos pessoas que, na hora da morte, relutam e sofrem muito; vemos outras que não lutam nos momentos finais e, com isso, têm uma morte mais tranquila. Lutar é o décimo-primeiro elo. E, quando estamos no décimo-primeiro, é certo que virá o décimo-segundo. Por isso é certo que cada um de nós irá morrer; estamos todos com o décimo-segundo elo garantido.

Guru Rinpoche, o mestre que levou o budismo para o Tibete, ensinou que o décimo-segundo elo é um bardo. Essa palavra é muito importante, pois significa "experiência construída", "não verdadeira". Não é uma realidade sólida, mas uma "experiência de". Bardo equivale a dizer "isso é vazio", "isso também é impermanente". Por que a morte é um bardo? Porque é uma "experiência de morte". Está na dependência da tentativa de sustentação. Quando estamos condicionados a sustentar, inevitavelmente vamos encontrar a dissolução, a morte.

Vamos supor que estejamos perto da demissão ou de uma derrota. Isso também é um bardo, pois seguimos vivos, há uma natureza ilimitada que segue intacta. A experiência de morte é isso: criamos algo e, ao passar pela experiência da dissolução da artificialidade que construímos e sustentamos, temos a sensação de morte.

A experiência de abandono pelo namorado, por exemplo, é uma experiência de morte. Mas, depois de um período muito longo de sofrimento, o impossível acontece, e a pessoa encontra um outro ser maravilhoso. E então entende por que o anterior tinha mesmo que ter ido embora. Isso é uma experiência cíclica, um bardo. Nossa respiração é uma experiência cíclica, bem como todas as demais coisas que movemos: os pensamentos, nossas energias (fome, frio etc.), nossas conexões, nossas identidades.

"Não chore porque a novela vai terminar; a central de produção está intacta!" A central de produção é o aspecto mais profundo de nós mesmos. Quando olhamos profundamente, podemos perguntar: "Mas e a morte?" A resposta é: "A central de produção está intacta, não se preocupe!" Ou seja, existe um processo luminoso, que vamos chamar de presença, que se mantém incessante.

No momento da morte, temos duas aspirações cármicas: nunca reencontrar as condições negativas que tivemos de passar em vida, e nos fixarmos de maneira lúcida, nítida e decidida nos aspectos positivos. Com essas duas aspirações, entramos no sonho do bardo. Estávamos no sonho do bardo da vida, e agora estamos no sonho do bardo da morte. Nossa mente vagueia, de volta a uma circunstância onde a materialidade não estabiliza os estados mentais. É como o sonho à noite, nossa mente vagueia sem estabilidade. Mas temos duas aspirações, uma de rejeição e outra de aproximação. Com base nisso, definimos o próximo renascimento.

Após a morte, saltamos diretamente para nama-rupa, porque essas duas aspirações representam a estrutura de avidya, samskara e vijnana, que se preservam. Desejamos estabilizar as estruturas que nos garantam a felicidade e o afastamento do sofrimento. Assim, saltamos para um dos seis reinos que seja visto como a melhor solução. E reiniciamos a Roda da Vida, tudo se repete.

Mesmo em um jogo de xadrez podemos chegar ao décimo-segundo elo, que é quando não há mais solução para o nosso rei: xeque-mate! Temos a clareza de que o rei está derrotado, e temos emoções, pois na verdade somos nós que estamos sendo derrotados. Temos uma noção de dissolução, de fim. Nos jogos olímpicos também vemos isso. Quando um atleta é derrotado, a olimpíada para ele acaba. E a pessoa tem um pouco a sensação de morte.

Ainda assim, o budismo ensina que o décimo-segundo elo não é verdadeiro. Ou seja, a morte não é verdadeira. Esse é um bom início, não é? Na verdade, a morte é uma experiência. Por isso, vamos começar por esse ponto, reconhecendo que temos experiências como expressões de nossa natural e incessante e luminosa liberdade.

*"A experiência de morte é isso: criamos algo e, ao passar pela experiência da **dissolução da artificialidade** que construímos e sustentamos, temos a sensação de morte."*

OS FENÔMENOS DANÇAM | 83

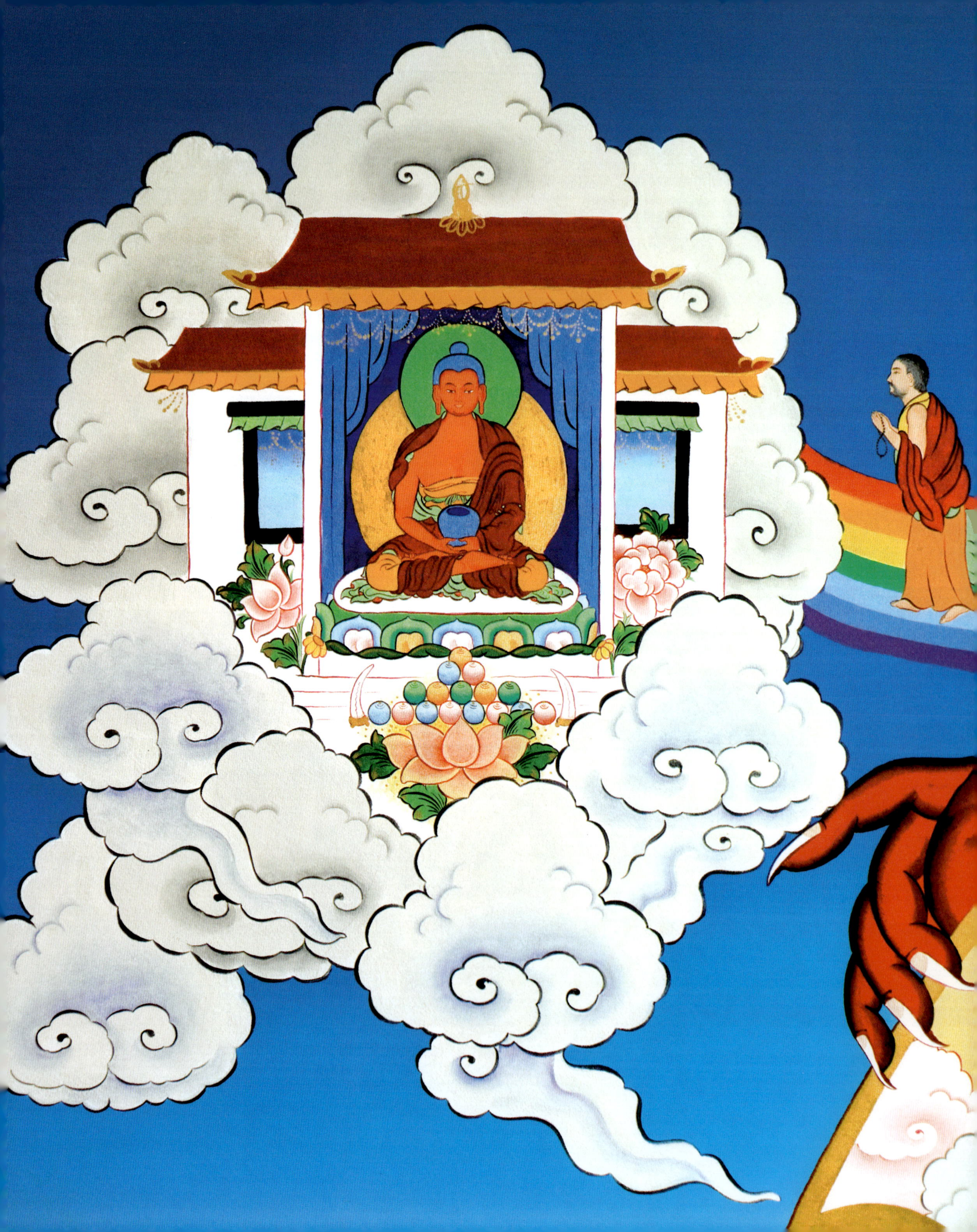

DISSOLUÇÃO DA EXPERIÊNCIA DA RODA DA VIDA

CAPÍTULO III | 19

A QUARTA NOBRE VERDADE

A quarta Nobre Verdade estabelece o Nobre Caminho de Oito Passos, *ou seja, traça uma rota absolutamente eficaz e concreta para encontrarmos uma felicidade estável, para além das flutuações da Roda da Vida. O Nobre Caminho Óctuplo está conectado à cultura de paz. O início desse caminho marca a revisão de nossas relações com o mundo.*

Primeiro passo

MOTIVAÇÃO

Quando percebemos que estamos dentro de uma experiência cíclica, ou seja, que as vitórias de hoje estarão perdidas amanhã, que caminhamos e não saímos do lugar, que andamos em círculos apesar de nossos esforços, nos perguntamos: "O que devo fazer? Quem sou? Para onde vou?" Quando nos damos conta disso, vemos que estamos perdendo tempo e que precisamos de outra motivação. Precisamos de uma motivação correta, que não produza aflições, sofrimento e perda de tempo. Devemos evitar as causas que nos prendem à experiência cíclica e ao sofrimento. Entre essas, a crença de que o mais importante é promover nossa identidade.

Qual é a causa de nosso desperdício de tempo e frustrações? O fato de nos prendermos a identidades específicas, acreditando que isso é tudo que temos a fazer durante a vida. Devemos ultrapassar essa ilusão e chegar àquilo que verdadeiramente somos. Nossas identidades não são o que verdadeiramente somos.

Ao olhar em volta, percebemos vasto número de seres também sem compreender suas vidas e frustrações, sem rumo. Com a aspiração de não perder tempo na Roda da Vida, entendendo que nossos filhos, nossos pais, nossos amigos também precisam ultrapassar essas dificuldades, decidimos nos dedicar completamente a avançar no caminho da lucidez e a encontrar a superação dos limites impostos pela Roda da Vida. Nesse primeiro momento, ainda não sabemos quem ou o que realmente somos. Mas queremos descobrir. É essa nossa motivação.

87

Segundo passo
NÃO PRATICAR AÇÕES DANOSAS COM A MENTE

As três ações não virtuosas de mente são: cobiça; pensamentos mal-intencionados, querer causar mal, desejar o mal ou alegrar-se com o mal; e visão errônea, achar que o bom é mau e vice-versa.

Trazemos sofrimento aos outros seres por descuido, porque estamos autocentrados em nossa identidade ou por acreditarmos que, fazendo alguma coisa agressiva contra outro, tenhamos algum tipo de vantagem. Acontece que essa suposta vantagem beneficiaria apenas nossa identidade, que é artificial, construída e impermanente. Então estamos perdendo tempo se pretendemos buscar trazer sofrimento aos outros seres para ganhar alguma vantagem.

Não só estamos perdendo tempo como estamos criando condições negativas para nós, porque as pessoas prejudicadas vão nos perseguir. Então, estamos fazendo tudo errado. Aquilo que poderíamos ganhar com uma ação negativa será perdido mais adiante por causa da impermanência. Mas o fato de termos praticado ações negativas perdura por tempo suficiente para que experienciemos a perseguição.

Praticar ações negativas é como segurar gelo roubado com a mão. O gelo derrete e desaparece. Mas o fato de termos roubado o gelo não desaparece. Pessoas vão nos perseguir por causa do roubo. Podemos argumentar: "Mas o que foi que eu roubei? Mostre." Podemos não ter mais o gelo, mas a pessoa sabe que roubamos. A ação é real.

Praticar ações negativas produz uma matemática terrível. Acumulamos carmas e não obtemos nenhum resultado positivo.

Terceiro passo

NÃO PRATICAR AÇÕES DANOSAS COM A FALA

As quatro ações não virtuosas de fala são: mentir, caluniar, agredir verbalmente e tagarelar.

Não devemos falar coisas negativas, isso só alimenta negatividades; nada de bom acontece. Pior ainda é agredir verbalmente. Depois de praticada, uma agressão não pode ser desfeita. Não tem volta. Podemos ter a sensação de que aparentemente ganhamos algo agredindo com palavras, mas acabaremos vendo que aquilo é péssimo. Para recompor uma relação depois de agredirmos alguém, dependemos do perdão da outra pessoa. É muito difícil.

Ao tagarelar, levamos as outras pessoas para paisagens mentais não virtuosas, para mundos mentais e emocionais negativos. Isso também solidifica essas estruturas em nós, o que nos leva a legitimar futuramente ações não virtuosas de outros tipos.

Por vezes caluniar e mentir parecem formas de autodefesa, mas, se observarmos bem, tão pronto fazemos isso, surge grande intranquilidade em nós, pois criamos imediatamente situações perigosas que temos que equilibrar constantemente.

Quarto passo

NÃO PRATICAR AÇÕES DANOSAS COM O CORPO

As três ações não virtuosas de corpo são matar, roubar e manter conduta sexual imprópria.

O Buda não quis complicar a vida das pessoas dizendo: "Não façam isso, não façam aquilo". Ele apenas deu sugestões para sermos felizes e nos livrarmos do sofrimento. Devemos cuidar das nossas ações, pois aquilo que achamos que vai trazer felicidade pode produzir devastação. Uma vez praticada, a ação não está mais sob poder do agente. Fazer ou não fazer depende do agente, mas as consequências saem de seu controle.

As negatividades impedem nosso avanço espiritual, pois geram intranquilidade. No caso do budismo, mesmo que o praticante receba instruções detalhadas sobre como meditar, não estará em condições de fazê-lo. É por essa razão que o Buda ensinou esses passos iniciais antes de entrar na meditação. Ele primeiro orienta para que tenhamos uma vida virtuosa, pois de nada adianta jogarmos baldes de água num incêndio, se, por outro lado, continuamos jogando baldes de gasolina!

No caso do nosso incêndio, primeiro vamos retirar tudo que seja material inflamável. Depois, com a meditação, vamos extinguir os focos de fogo do sofrimento. É inútil tentar apagar os focos de incêndio se continuamos com atitudes que alimentam as chamas em grandes proporções.

Existem praticantes que meditam décadas, mas não mudam nada. Não mudam porque não têm moralidade, não cuidam do seu comportamento. Com suas ações, continuam produzindo as causas do sofrimento, e pensam que com a meditação vão conseguir eliminar o sofrimento. Isso não é possível! Precisamos remover as causas de sofrimento. Só depois pode ocorrer a meditação.

As pessoas não são nem demônios, nem santos. São apenas pessoas. E não são apenas seres humanos; são seres complexos, com

estruturas cármicas. A questão é saber como administrar isso.
O que precisamos é de uma cultura de paz, na qual naturalmente
fazemos mais coisas positivas do que negativas.

Quinto passo

AÇÃO TRANSCENDENTE E COMPASSIVA

No quinto passo do Nobre Caminho Óctuplo, o Buda diz: "Traga benefício aos seres". É um momento crucial, pois pela primeira vez somos convidados, de modo prático, a ultrapassar nossas fixações e reconhecer a situação dos outros seres no contexto deles mesmos.

Esse é o início do aspecto transcendente do budismo. A compaixão é a manifestação prática da transcendência, pois, para trazer benefício aos outros, a pessoa é convidada a transcender a fixação em sua identidade e mundo, ir além do autocentramento.

Compaixão não é um comportamento piedoso, é uma inteligência lúcida. Através da inteligência compassiva que manifestamos para com os outros, exercemos liberdade natural em relação à nossa identidade. A prática da compaixão resulta do entendimento de que nossa identidade é virtual e de que não precisamos viver presos a ela, de que podemos construir uma forma de ação livre dela.

Ao exercermos a liberdade básica de ultrapassar fixações de identidade e mundo, surgimos como bodisatvas. O bodisatva é aquele que produz benefícios, que ajuda. Como bodisatvas, podemos cuidar de nós mesmos e dessa nossa nova identidade, porque é através dela que vamos trazer benefício aos seres. Passamos também a cuidar da relação com os outros seres humanos, com a biosfera e a natureza.

Quando fazemos isso, descobrimos que nossa vida se re--solve. Ultrapassamos a causalidade, o velho padrão de fazer uma coisa com o objetivo de obter outra em troca. Descobrimos um ou--tro funcionamento, completamente diferente daquele a que estáva-mos acostumados.

Vejamos como isso funciona. Primeiro, temos a motivação de trazer benefício aos seres. Por trazermos benefício aos seres, o mundo inteiro nos favorece e ajuda. Passamos a trabalhar em harmonia com o mundo. Nossa inteligência deixa de ser local e predadora; conectamo-nos a uma dimensão maior que abrange todos os seres.

Surge uma proteção global, não precisamos entender de onde vem, ela simplesmente existe.

Esse é o segredo de todos os bodisatvas, não importa de qual tradição religiosa. Os verdadeiros bodisatvas andam de forma livre, sustentados por sua natural compaixão. Na medida em que nos conectamos a esse âmbito de compaixão, ele também se conecta a nós e produz resultados. O quinto passo do Nobre Caminho também é chamado de modo de vida correto, o que significa que não devemos praticar ações negativas e que devemos procurar viver de forma correta.

Dentro dessa visão budista, compaixão é o ponto. Se cruzarmos a fronteira, se passarmos a atuar de modo compassivo, nossa escolha produzirá uma diferença.

Em nível mais profundo e detalhado, descrevemos o quinto passo como a prática das quatro qualidades incomensuráveis e das seis perfeições. Começamos com a prática de compaixão, uma das qualidades incomensuráveis. A essência é a capacidade de compreender os outros seres em seu próprio contexto de vida e de mundo. Nos colocamos no mundo mental e emocional de quem queremos beneficiar e de lá vemos como nós ultrapassaríamos as dificuldades experimentadas por eles. Surge em nós um impulso natural e intenso de produzir a saída da situação em que o outro vive. Surge uma energia poderosa de ação compassiva. Sentimos também a clara necessidade de termos habilidades para ultrapassar as dificuldades que se apresentam.

A energia compassiva manifesta-se quer as pessoas sejam boas ou estejam repletas de negatividades, pois queremos que todos, sem exceção, ultrapassem suas aflições e visões negativas. Surge a equanimidade – outra das quatro qualidades incomensuráveis –, a disposição estável de ânimo que se mantém positiva e elevada seja diante de pessoas positivas ou diante de pessoas com muitas negatividades.

Praticamos também o amor, no sentido de ver as qualidades positivas do outro. Todas as pessoas, mesmo aquelas imersas em negatividades, em algum ponto têm qualidades positivas. Ver essas qualidades como um jardineiro que vê flores, frutos, troncos frondosos e galhos fortes ao fitar a pequena semente de uma futura árvore é um exemplo dessa qualidade de amor. É também como o professor que vê qualidades em seus pequenos alunos dos primeiros anos escolares. Quem pratica esse amor vê surgir em si uma energia maravilhosa de beneficiar, cuidar, proteger e promover a vida e o crescimento dos seres. Não importa a aparência da semente, temos a energia sustentada.

Praticando compaixão, equanimidade e amor, surge alegria, surgem propósito e sentido na vida. Sem compaixão, equanimidade e amor, mesmo que tenhamos êxitos, não há alegria, nem sentido na vida. Os tempos de degenerescência são justamente definidos pelo esquecimento de que a fonte de alegria e felicidade é a compaixão, o amor e a equanimidade.

Assim são as quatro qualidades incomensuráveis – compaixão, amor, alegria e equanimidade. Elas dão sentido à nossa vida.

Praticando essas qualidades, a generosidade torna-se natural, e também a moralidade. Havendo compaixão, amor, alegria, equanimidade, generosidade e moralidade, surge a paz. Surgindo a paz, há energia constante, concentração e sabedoria.

Temos então o surgimento claro do bodisatva, o feliz benfeitor dos seres que o vejam, toquem, ouçam ou pensem nele. Sua prática é autossustentada, natural e simples: compaixão, amor, alegria, equanimidade, generosidade, moralidade, paz, energia constante, concentração e sabedoria. Ou seja, as quatro qualidades incomensuráveis e as seis perfeições.

Sexto, sétimo e oitavo passos

AS ETAPAS DA MEDITAÇÃO

A meditação aparece no sexto, sétimo e oitavo passos do Nobre Caminho. Esses três últimos passos ensinam: acalme a sua mente e desenvolva a inteligência de reconhecer o mundo interno. Com isso seremos capazes de liberar os processos automáticos que atribuem sentidos e produzem energias dentro de nós.

A primeira etapa de meditação é o silêncio (sexto passo). A segunda é a lucidez, onde aprendemos a reconhecer a vacuidade e luminosidade presente em todas as experiências (sétimo passo). O terceiro aspecto é quando localizamos aquilo que verdadeiramente está presente e não envelhece (oitavo passo). Presenciamos aquilo que está vivo, além de espaço e tempo, nome e forma, vida e morte. No oitavo passo, aprendemos a contemplar isso em todas as experiências.

VISÃO, MEDITAÇÃO E AÇÃO

Tudo que foi descrito até agora opera em três níveis: visão, meditação e ação. A apresentação dos ensinamentos, sua explicação, corresponde ao primeiro nível – visão –, que se refere a entendimento, compreensão. É a base de tudo. É o conhecimento por meio do raciocínio, do intelecto, e vai ao nível de transformar diretamente a experiência do que vemos.

Para estabilizar a visão, utilizamos o segundo nível – meditação. Por meio da meditação, aquilo que foi compreendido pela visão será integrado à nossa identidade, deixará de ser apenas um conhecimento teórico e intelectual para se tornar parte natural de nós. O resumo sobre a prática meditativa apresentado no tópico anterior foi feito na perspectiva discursiva – explicações – da visão; a prática da meditação em si corresponde ao segundo nível, estabilização da visão.

Depois de integrarmos o conhecimento a nós mesmos, passamos a agir de acordo, e esse é o terceiro nível – ação. Nossa atuação no mundo passa a manifestar o que compreendemos por meio da visão e integramos com a meditação.

É possível olhar os três níveis apenas como visão. Desenvolvemos a visão, estabilizamos a visão e praticamos a visão. É tudo visão, lucidez. Essa lucidez deve nos acompanhar nas seis formas de estados intermediários, os seis bardos: na vida, na meditação, no sonho à noite, na proximidade da morte, no pós-morte e no ressurgir em um corpo. Em um sentido último da prática, a essência da moralidade é sustentarmos a visão. A quebra da moralidade é perdemos a visão lúcida.

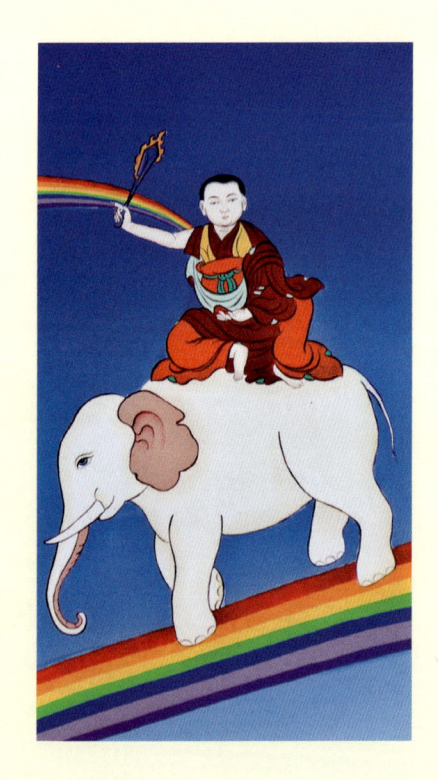

O Senhor da Roda da Vida

Na ilustração da Roda da Vida, vemos que ela é sustentada por um ser de aparência temível. Trata-se de Maharaja, o grande senhor que rege a experiência cíclica da roda. Quando estamos presos à experiência cíclica, geralmente não assumimos qualquer responsabilidade perante o sofrimento inevitável. Buscamos culpados, identificamos sempre um agente externo responsável pela situação. Simbolicamente esse agente é Maharaja, o Grande Senhor. No sentido convencional, nós o vemos como a personificação das desgraças, o agente da tragédia, o grande inimigo, que destrói todas as nossas construções mais queridas. No outro extremo, podemos olhá-lo como o Buda incansável, que não esmorece até apontar e romper todas as nossas áreas de fixação, porque a experiência de sofrimento está diretamente ligada à fixação. Não há sofrimento sem que a identidade esteja atuando.

Em nossa cultura temos a exigência de não sermos derrotados, nem sofrermos. E sofremos pelo fato de sofrer. Quando sofremos, temos de explicar não só as circunstâncias em que estamos envolvidos, mas de que modo falhamos para estar sofrendo. Existe um sofrimento duplo.

Por exemplo, se somos demitidos, sofremos por não ter como pagar as contas no final do mês e sofremos porque as outras pessoas vão achar que fomos derrotados porque fomos demitidos. Mas poderíamos pensar: "Tenho ou não tenho qualidades que podem trazer benefício aos outros seres?" Isso nos alegraria imediatamente. A resposta é sempre positiva. Todos nós podemos ser úteis, podemos trazer benefícios, podemos alegrar alguém. Temos a energia vital, temos o brilho, temos a lucidez.

Se alguém não nos ama mais ou se o chefe não nos quer mais, talvez isso seja uma perda para a outra pessoa. O que vamos fazer então? Vamos olhar para os seres e ver como podemos ser úteis. Sempre podemos ser úteis de alguma forma. Com esse pensamento, nos reintroduzimos no mundo.

Existem vários exemplos disso. Conheço uma pessoa que teve câncer, que sofreu cirurgias de extirpação e tem sequelas graves. Ainda assim, ela diz que isso foi a melhor coisa que lhe aconteceu, pois a doença a fez acordar. Maharaja bateu forte; se não tivesse batido, a pessoa nunca teria se dado conta da fixação que iria acabar com sua vida.

Temos condições de lidar com Maharaja. Depois que a tragédia passa, tudo começa a tomar um outro rumo se usamos nossa lucidez. É extraordinário! E é emocionante porque nos mobiliza, nos entristece e nos alegra ao mesmo tempo. E é irrevogável, pois a vida segue. As pedras das construções demolidas serão utilizadas como elemento principal das novas construções. Precisamos ter coragem para cruzar por isso. A vida é assim, tudo morre, mas nós não morremos – nós nos erguemos dos escombros.

Os 12 Elos da Originação Interdependente identificam uma forma de pensamento que nos mantém dentro de um processo ilusório onde nenhuma construção produz felicidade estável, nem qualquer coisa permanente, mas apenas frustrações cíclicas e inevitáveis. Toda essa construção se dá a partir da responsividade de nossa mente, de nossa imaginação e emoções, que dá solidez para nossas experiências, a ponto de acharmos que tudo é completamente sólido.

Para combater essa noção de solidez, precisamos de antídotos – um deles é o pensamento sobre a impermanência. Podemos ver que não há nada sólido nos 12 elos, porque a impermanência pega tudo. Essa é a bênção de Maharaja. Ainda que Maharaja de fato não exista, sua ação, a impermanência, existe.

Localizamos o problema básico em avidya, onde o observador surge separado do objeto. Os budistas tibetanos chamam avidya de marigpa, que é a negação de rigpa. Para eles, apenas ouvir a palavra rigpa já é algo extraordinário, pois ela representa a possibilidade de lucidez, de liberação, de iluminação. Ao longo de inúmeras vidas, nem nos damos conta de que estamos presos no samsara; porém, quando a palavra rigpa surge em nosso caminho, é certo que em uma vida futura atingiremos a liberação. Funciona assim: ouvimos o termo rigpa e, mesmo sem ter entendido, ele passa a fazer parte do nosso conjunto de marcas (samskara). Vamos carregar rigpa em nossa bagagem pelo tempo que for, até que um dia tropeçaremos nela de novo. Tropeçaremos em rigpa por várias vidas, até o dia em que existam condições favoráveis para compreendermos. Então vamos iniciar a prática rumo à liberação.

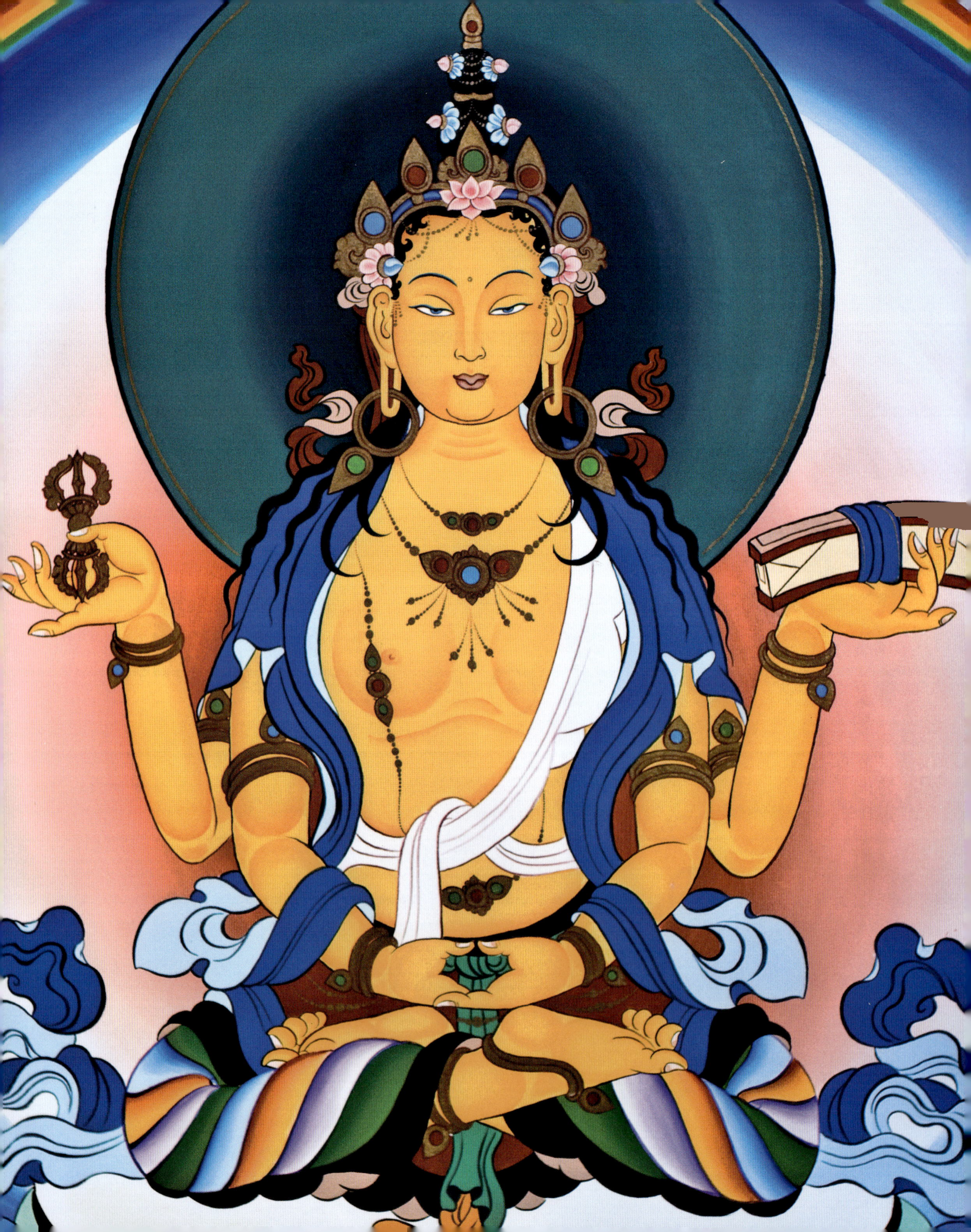

CAPÍTULO IV

A PERFEIÇÃO DA SABEDORIA

Depois de contemplarmos os ensinamentos sobre as 4 Nobres Verdades e começarmos a operar com as qualidades capazes de pacificar nossas relações no mundo, a meditação poderá progredir até o ponto da chamada sabedoria transcendente, quando nos tornamos capazes de atribuir um duplo grau à realidade, atravessando do plano relativo para o absoluto, como quem olha para o desenho de um cubo e desloca a visão de uma figura para outra. Como esse desdobramento se torna possível? Como flexibilizar nossa ação, contemplar a inseparatividade e transformar e estabilizar nossas relações em uma paisagem de amplitude e lucidez?

Há um ensinamento budista chamado O Coração da Sabedoria (Sutra do Prajnaparamita – A Perfeição da Sabedoria), um veículo hábil para nos conduzir nessa travessia. Há também outros ensinamentos, como o Sutra do Diamante, que combinam a perfeição das virtudes com a perfeição da sabedoria e indicam essa rota como o caminho mais curto para a liberação.

Vamos agora tomar o barco do Prajnaparamita. O Sutra do Coração pode ser compreendido como um princípio ativo pelo qual vamos da margem da confusão para a margem da visão de sabedoria, aquilo que nós budistas chamamos de "visão da vacuidade". Ainda que essa visão esteja sempre disponível, não vemos assim. Dentro do Prajnaparamita teremos essa introdução, começaremos a rever nossos conteúdos internos e percepções externas de modo mais profundo, e seguiremos até esgotar essa abordagem. O momento da transição é chamado de "travessia para a outra margem".

No momento, temos a visão do samsara, mas passaremos para uma outra visão, vamos deslocar o olhar, alterar o foco. Ao alcançarmos a visão de sabedoria, sujeito e objeto se fundem e revelam a ausência de existência inerente nos fenômenos.

SILÊNCIO E LUCIDEZ

Kuntuzangpo ou Samantabhadra é o Buda Primordial, representando a lucidez, a sabedoria incessantemente disponível e presente. Pelo estudo dos 12 Elos da Originação Interdependente, vemos que a liberdade natural da mente é capaz de produzir a experiência de divisão da mente em objeto a ser contemplado e observador que contempla. Desse modo desce uma cortina de ilusão. Surge a mente dual, que passa a operar presa aos objetos surgidos com ela. O movimento da mente estimulado pelos objetos produz a experiência do sonho vivo da Roda da Vida; a lucidez é ocultada pela ignorância, ou avidya, o primeiro dos 12 elos. Kuntuzangpo é anterior a qualquer conteúdo de mundo ou de ignorância. Precedendo todas as formas, apenas serve como uma base incessante ou uma fonte inesgotável de todas as aparências. O solo onde tudo pode ser plantado ou o elemento básico sutil, aberto, não flutuante, não obstruído e luminoso do qual a realidade que percebemos brota incessantemente.

No início do Sutra do Prajnaparamita, o Buda medita em silêncio, essa é a sua forma de ação naquele momento. Então, do espaço que tudo permeia, anterior a qualquer linguagem, surge a lucidez que se manifesta no interior do silêncio da meditação do Buda.

Quando iniciamos o caminho da meditação através da prática de shamatha (meditação silenciosa) estamos nos engajando no processo de retirar de forma gradativa o que é artificial em nossa experiência de mente. Ao final desse caminho, que pode ser longo, não mais existem observador e objeto, mas há uma natureza viva e pulsante. Não encontramos um ser ou uma identidade, mas uma lucidez, uma presença luminosa e livre. Quando tiramos o que não é natural, as artificialidades, ficamos com a experiência da base não construída. Essa experiência é simbolizada por Kuntuzangpo. É a base incessante, não construída, livre e luminosa, o princípio ativo onde toda a experiência de mundo convencional é produzida, começando com o primeiro elo da originação interdependente, a separatividade entre objeto e observador. Podemos perder consciência da presença dessa base, mas não perdemos a própria base. Ela se manifesta tanto como a lucidez da cognição dos Budas quanto como a ludicidade que manifesta o mundo através da dualidade e resulta na Roda da Vida. É incessantemente presente além dos próprios conceitos de tempo e espaço, vida e morte.

Há um princípio ativo no interior do silêncio. Nessa classe de ensinamentos, tal princípio pode ser chamado de luz infinita. Uma luz indissociável da vacuidade. Podemos olhar a vacuidade como se fosse um buraco, um nada, como os niilistas fazem. Mas não fazemos isso; no Prajnaparamita, a vacuidade é apresentada inseparável da luz infinita, que atribui significado a tudo, dá origem a todas as formas. Forma é vazio, e vazio é forma, diz o sutra. Portanto, a vacuidade é uma abertura onde a luminosidade se manifesta incessantemente ativa.

Essa percepção nos leva a descobrir que não existe nenhuma prisão nos significados e formas produzidos pela luminosidade primordial. Somos essencialmente livres. A experiência de liberdade e lucidez frente ao que é construído é possível.

Se eu criar uma série de números como 3, 6, 9 12, 15, 18... Quais seriam os números seguintes? Temos a tendência a pensar em um fator comum, que no caso seria o número 3, e perpetuar a série com os números 21, 24, 27 etc. Mais difícil é entender que o fator comum não representa uma lei. A liberdade existe! Posso colocar qualquer número, cada número em verdade é uma expressão de liberdade e se explica por si mesmo. Temos a liberdade de seguir a série e a previsibilidade, mas temos a liberdade de colocar qualquer número ou mesmo de não colocar mais números. De modo geral nos apegamos à previsibilidade, criamos uma justificativa, "somos" assim, essa é nossa "identidade" e nos valemos da disciplina para defender essa continuidade. Se perdemos essa identidade, nos sentimos sem referenciais, soltos. A liberdade em meio às formas é difícil de ver, difícil de viver.

A liberdade presente dentro do silêncio e da ausência de formas também é sutil demais para a maioria das pessoas. Os Budas manifestam a liberdade da cognição tanto em meio ao silêncio como em meio às formas. Para eles não há diferença. Então, desse silêncio potencializador e construtor emana Avalokiteshvara ou Chenrezig, expressão da compaixão, um Buda dotado de energia, lucidez. Cherenzig por sua vez emana manifestações de sua inteligência como seres presentes em corpo físico. Com um corpo semelhante ao dos seres a serem beneficiados, Chenrezig pode ser visto e reconhecido pelas pessoas na forma dos mestres e também na forma de seres aparentemente comuns e se comunicar com elas. Ele surge com um método específico: ouvir os sons do mundo. Chenrezig entende o mundo dos seres e, sem impor condições, ajuda-os para que, partindo de onde estão, ultrapassem os limites dos sonhos onde vivem e recuperem a capacidade natural da lucidez.

No Sutra do Coração, a comunicação entre o Buda e Chenrezig é muito sutil. Chenrezig sente o silêncio do Buda e, através disso, acessa a mandala e a inteligência de Kuntuzangpo. Então, por seu voto de compaixão por todos os seres, e por ver claramente a inseparatividade entre os mundos internos e externos da experiência dos seres da Roda da Vida, tem a capacidade de ajudá-los a ultrapassar seus sonhos e ilusões.

A PERFEIÇÃO DA SABEDORIA | 105

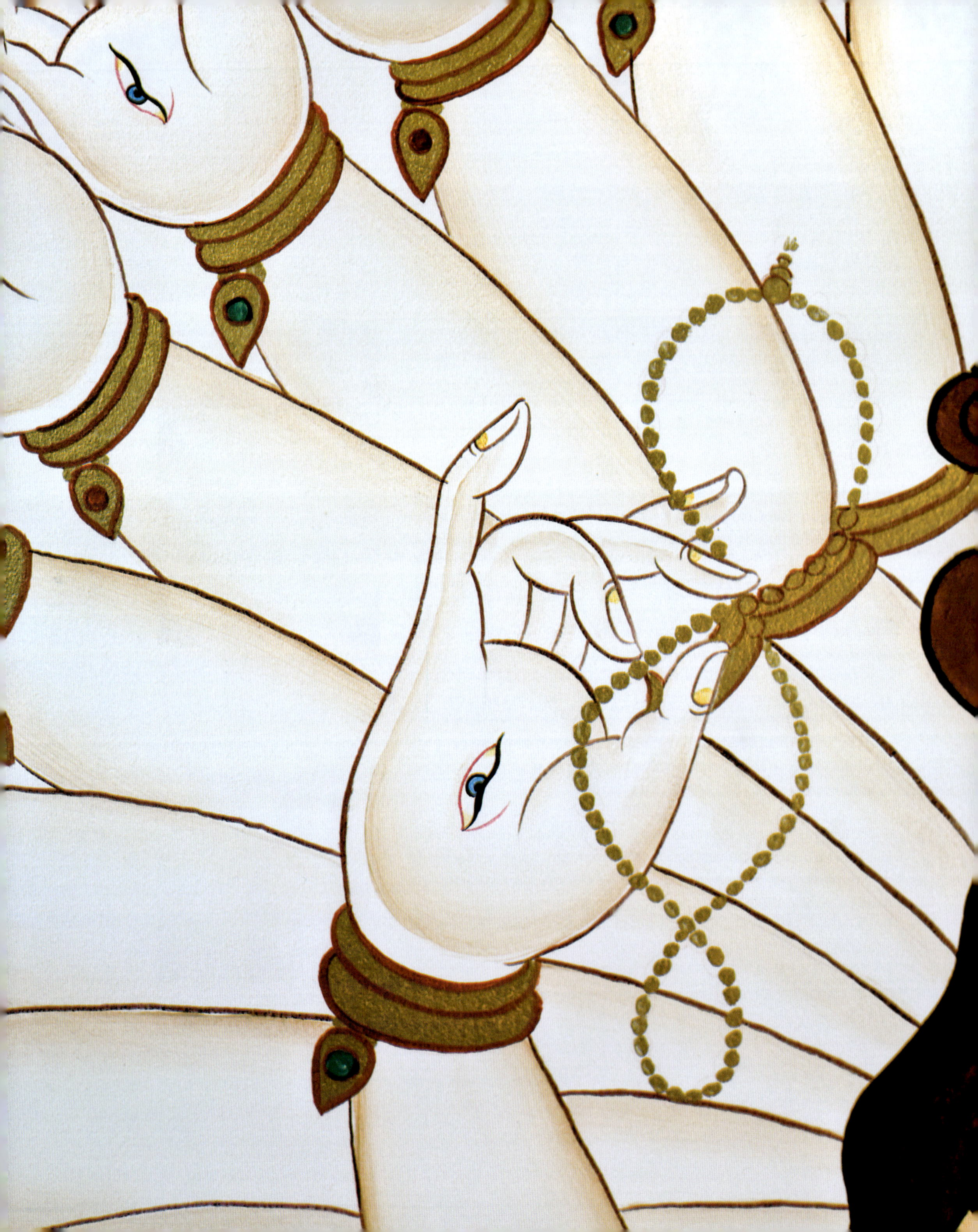

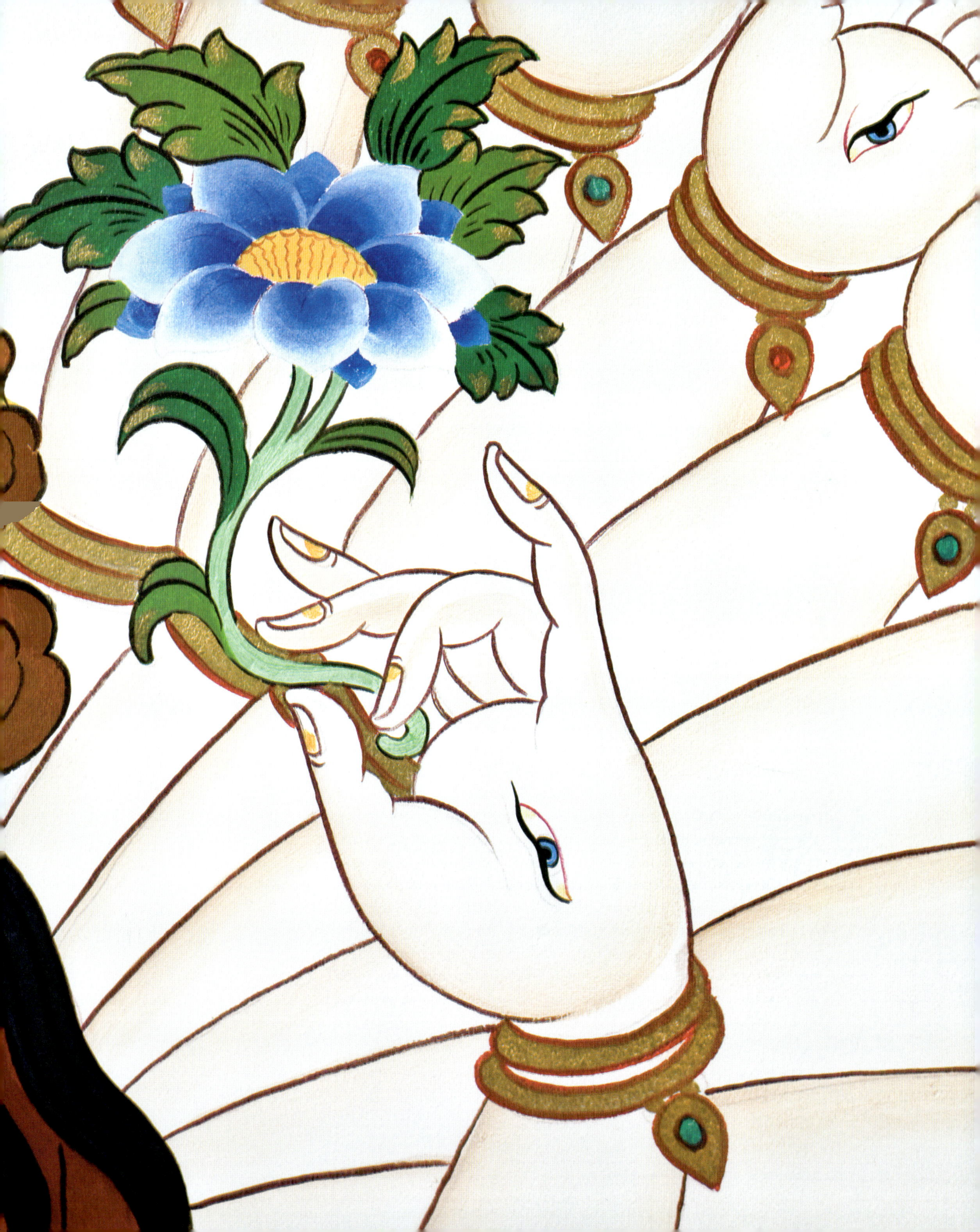

Chenrezig e Os Cinco Skandhas

Presente no mundo condicionado dos seres humanos, Chenrezig conversa com Shariputra. O Prajnaparamita começa nesse encontro. O Buda Shakyamuni está sentado, praticando a grande iluminação. Chenrezig, ou Avalokiteshvara, está ouvindo o que as pessoas falam. Em certo momento, se dá conta: "É isso! Não importa o que falem, as pessoas referem-se sempre aos cinco skandhas. Elas dão realidade e solidez aos cinco skandhas, e com isso dão solidez a suas experiências e sonhos como se fossem reais!"

Chenrezig vê que tomamos como sólidas as experiências de formas, sensações, percepções, estruturas internas e identidades – os cinco skandhas. Tudo gira em torno de ações de corpo, fala e mente baseadas nesses cinco elementos de consciência.

Olhando para todas as construções a partir da perspectiva de lucidez, de rigpa, Chenrezig diz: "Forma não é sólida, forma é vacuidade. Todas as formas são expressões da vacuidade original, surgem dela e retornam a ela, brotam da luminosidade presente na vacuidade. Do mesmo modo, todas as sensações são manifestações da luminosidade e vacuidade. E também as estruturas internas e as percepções são manifestações disso. E todas as consciências e identidades também são manifestações dessa fonte inesgotável. Sendo manifestações da vacuidade, não são grades de prisão, não são paredes, não têm rigidez, não exercem limites. São expressões da liberdade original, mas não a limitam. São ornamentos da natureza última. Sendo todas elas produtos da luminosidade, em verdade não há prisão." A prisão vem de vermos essas manifestações da vacuidade como sólidas, e respondermos a essa aparência. A prisão vem de não enxergarmos o movimento livre das formas no espaço, a sua natureza sutil. Vem de aspirarmos a rigidez das formas, sensações etc. Vem de nos construirmos e lutarmos para sustentar nossas identidades, e as visões de realidades sólidas e externas inseparáveis delas.

As quatro montanhas

Nascimento, Vida, Decrepitude e Morte

Então Chenrezig diz: os cinco skandhas são vacuidade; portanto, o sofrimento pode cessar. O sofrimento surge quando operamos com a rigidez adquirida pelo hábito. Quando dizemos que os cinco skandhas são sólidos, subentendemos que estamos submetidos ao ciclo de nascimento, vida, decrepitude e morte. Ou seja, na linguagem tradicional budista, todos os seres vivem entre essas quatro montanhas. Ninguém escapa, exceto pela vacuidade.

As montanhas do nascimento, vida, decrepitude e morte são construídas por forma, sensação, percepção, formação mental e consciência, diz Chenrezig. Não há nada no nascimento, vida, decrepitude e morte que não seja constituído pelos cinco skandhas. Se os cinco skandhas são vacuidade, podemos atravessar livremente as quatro montanhas, pois elas são manifestações dos cinco skandhas, elas não têm solidez. A natureza ilimitada não está presa nem pelos cinco skandhas, nem pelas quatro montanhas. Por isso, o sofrimento pode ser eliminado.

Início do Diálogo do Sutra do Coração

O Sutra do Coração é o diálogo entre um monge chamado Shariputra e Chenrezig, que por compaixão pelos seres assumiu uma forma humana. Movido pela presença do Buda Shakyamuni em meditação, Shariputra pergunta a Chenrezig: "Como homens e mulheres bons e piedosos, que tenham desenvolvido qualidades elevadas, podem praticar a Perfeição da Sabedoria?"

Antes de seguir, convém observar que há dois termos parecidos – Perfeição da Sabedoria e Grande Perfeição. A perfeição, da sabedoria, ou prajna, é o caminho que conduz à grande perfeição que está sempre naturalmente disponível. O Prajnaparamita descreve a perfeição da sabedoria. Os ensinamentos dessa classe são como um remédio para doença dos olhos (avidya, a ignorância). Quando chegamos à margem da sabedoria, vemos tudo com perfeição, com lucidez. Vemos que nunca houve rio a ser atravessado, nunca houve duas margens. Mas, enquanto estamos do lado de cá, com a visão limitada, vemos o rio do sofrimento e as duas margens.

Retornando ao sutra, Chenrezig responde: "Homens e mulheres bons e piedosos que desejem praticar a Perfeição da Sabedoria devem apenas fazer o que eu ensinar agora. Eles devem compreender que..." Essa é a parte central do texto. A primeira parte, onde Chenrezig diz que "os cinco skandhas são vacuidade e, portanto, o sofrimento pode cessar", é a súmula. Ele agora vai explicar a afirmação em detalhes: "Forma é vazio, vazio é forma; forma nada mais é do que vazio, vazio nada mais é do que forma".

Podemos olhar isso como palavras ou como uma experiência. É melhor olharmos como uma experiência. Se olharmos como palavras que discorrem sobre um tema, não será tão profundo quanto olharmos como uma introdução a uma experiência.

Temos que olhar nossas experiências diárias a partir dessa perspectiva. Quanto tempo conseguimos sustentar o olhar que compreende que forma é vazio? Por menor que seja tal instante, quando começamos a praticar essa visão, somos introduzidos ao elemento que diferencia um conhecimento teórico daquilo que, no budismo, chamamos de prática da perfeição da sabedoria. No instante em que o ensinamento penetra em nossa experiência de mundo, começamos a transformar nossa compreensão da realidade, a desfazer a solidez das formas. Essa é a alquimia que transforma uma descrição em uma prática. O ensinamento formal torna-se um roteiro vivo de meditação, pois dali em diante se realiza no âmbito da ação. Para realizar a transformação, podemos seguir o método de pensar, contemplar e repousar parte a parte ao longo do texto todo, sustentando a experiência de lucidez da perfeição da sabedoria. Começamos com a contemplação da vacuidade luminosa e coemergente das formas.

*"No instante em que o ensinamento penetra em nossa experiência de mundo, **começamos a transformar nossa compreensão da realidade, a desfazer a solidez das formas.** Essa é a alquimia que transforma uma descrição em uma prática."*

Primeiro exemplo

OBJETO IMAGINADO

Podemos iniciar pela observação de um objeto imaginário qualquer. Não importa qual o objeto imaginado, temos que nos dar conta de que, por ser imaginado, é em nossa mente que ele está. Podemos produzir uma esfera, um cubo, o rosto de um amigo, a nossa casa, a porta da geladeira. Importa perceber quem produz a imagem. Se produzimos, vemos. Se vemos, vemos com a mente. Com o que mais veríamos senão com a mente? Então a mente vê a mente. O objeto é a mente e é visto pela mente. Logo, a mente se dividiu em duas: a mente que vê e a mente que é vista. Por quê? Porque a substancialidade do objeto é a própria mente.

No Sutra Surangama, o Buda diz: "A mente vê a mente". Mas, quando a mente vê a mente, não nos damos conta disso. Portanto, temos a noção convencional de que existe um observador neutro olhando um objeto que existe por si mesmo. Ainda que a mente veja a mente, ficamos com a sensação de que há uma separação entre objeto e observador. Esse é o cerne do nosso problema ligado à ilusão do samsara. Temos a sensação de que o objeto é separado de nós, e de que nós somos neutros ao olhar um objeto que evolui e faz tudo por si mesmo. Essa é a definição básica de ignorância. A ignorância começa com isso. E depois cresce. Não só ficamos presos a essa noção, como não vemos que ficamos presos.

É a partir dessa paisagem que todo o raciocínio posterior se desenvolve. Não vemos a possibilidade de interação com o objeto, de transformação do objeto, ou qualquer alternativa quanto ao fato de que o objeto é inseparável de nós mesmos. Não percebemos mais a abertura, fomos fisgados pela forma. E pensamos: "Se eu tenho uma esfera, e essa esfera é colorida, essa é a cor da esfera!" Não nos ocorre, por exemplo, produzir conscientemente várias experiências: "Agora a esfera é azul, agora a esfera é vermelha, agora a esfera é amarela." Podemos fazer isso como um exercício de liberdade, de criação, mas não nos damos conta.

Depois de pensar sobre isso, seguimos para a etapa da contemplação. Fazemos a esfera mudar de cor. Ou a transformamos em um cubo, e depois transformamos o cubo em qualquer outra coisa. Podemos transformar o que está diante de nós. Nesse exemplo abstrato, isso é fácil de ver. Encerramos a etapa de contemplação e simplesmente repousamos nesse conhecimento.

*"Ainda que **a mente veja a mente**, ficamos com a sensação de que há uma **separação entre objeto e observador**. Esse é o cerne do nosso problema ligado à **ilusão do samsara**."*

Segundo exemplo

Figura Gráfica

Podemos olhar uma figura como a Roda da Vida. Vemos todos os seus elementos; porém, é apenas arte gráfica. Naturalmente Maharaja não está ali, nem os seis reinos, só temos papel e tinta diante dos olhos. Se colocarmos um dedo no inferno quente da Roda da Vida, não acontecerá nada, o dedo não queimará.

Mesmo assim, a coisa fica um pouco mais complexa, porque não é, mas é! Nenhum budista, por exemplo, se sentiria à vontade para sentar em cima de uma imagem do Buda. Por que, se é apenas papel e tinta? É que, simultaneamente, já não se trata mais de papel e tinta apenas. Estamos diante do que chamamos de aspecto luminoso da realidade. Ainda que seja papel e tinta, não pensamos no papel e na tinta, não reconhecemos papel e tinta, mas vemos o Buda.

Os seres produzem luminosidades específicas nas suas diversas conexões com a realidade. Não vemos o objeto, mas o que ele passa a ser diante de nossos olhos. Essa é a característica da luminosidade. Precisamos entender a vacuidade e avidya, e também a ação luminosa da mente.

Podemos usar o exemplo de uma foto. Quando estamos imersos em avidya, não reconhecemos a luminosidade que constrói a realidade ao contemplarmos a foto. Acreditamos que o conteúdo que vemos está na foto. Entretanto, podemos perceber que os conteúdos da foto mudam com o tempo, ou seja, a forma como reagimos diante dela muda. O conteúdo é inseparável do observador. A mente vê a mente. Na imagem completamente abstrata criada na mente ou na imagem em papel, o observador é que produz a experiência do objeto.

"O conteúdo é inseparável do observador. A mente vê a mente. Na imagem completamente abstrata criada na mente ou na imagem em papel, **o observador é que produz a experiência do objeto.**"

Terceiro exemplo

OBJETO TRIDIMENSIONAL

Vamos olhar agora uma imagem tridimensional, como uma escultura, que representa simbolicamente um outro objeto. De novo podemos reconhecer que esse objeto produz em nós a manifestação da luminosidade que atribui qualidades que não estão ali. Olhamos uma imagem humana esculpida em pedra e encontramos características humanas na pedra. Mas onde há características humanas na pedra? Não há, mas nós vemos. Por vermos muito mais do que a realidade da pedra, podemos pagar uma fortuna por uma escultura, ou vamos a museus e galerias de arte para contemplá-las. Não poderíamos comprar uma escultura pagando em pedra, trocando o bloco esculpido por outro do mesmo peso, mas de pedra bruta. Há uma diferença.

Quando olhamos uma escultura, não vemos a pedra. Usamos a pedra para sustentar uma experiência de luminosidade correspondente ao que vemos na pedra.

Então, do mesmo modo que nos objetos imaginários e gráficos, também no objeto tridimensional a forma não está na forma. Pela terceira vez, vemos que o observador detém a experiência da forma.

"*Quando olhamos uma escultura, não vemos a pedra. Usamos a pedra para sustentar uma* **experiência de luminosidade** *correspondente ao que vemos na pedra.*"

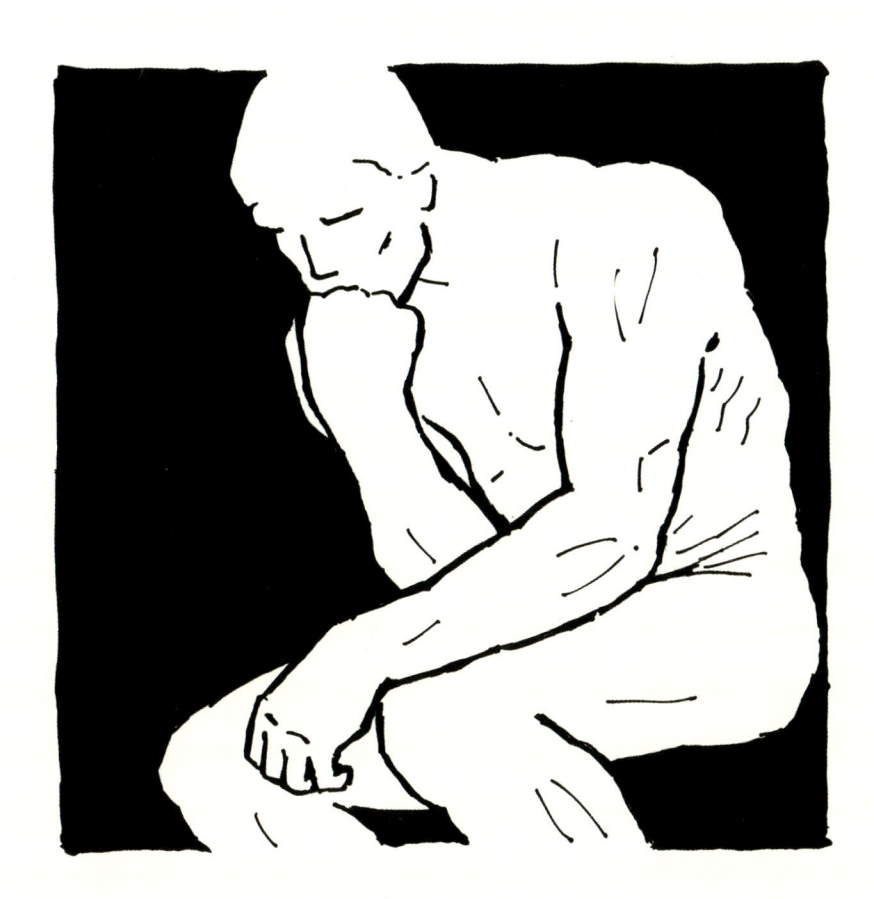

Quarto exemplo

Uma Pessoa

No quarto tipo de experiência teremos uma pessoa diante de nós. Mesmo com uma pessoa, acho interessante usar o exemplo da foto. Tiramos uma fotografia da pessoa. Olhamos para a pessoa e para a foto, e parecem iguais, porque a experiência que temos ao olhar a foto e a experiência que temos ao olhar a pessoa indicam a mesma coisa. Temos experiências internas. Quando nossa relação com a pessoa muda, o que vemos na foto muda também.

Diante da própria pessoa, olhamos para ela e lhe atribuímos qualidades, como se pertencessem somente a ela e não fossem um produto coemergente de nossa observação. O mesmo acontece com a foto.

Quatro níveis de experiência

A Conclusão

A experiência do que vemos é inseparável de nossas estruturas internas. Sempre que temos uma experiência de objetos, nosso papel de observador está presente. A mente vê a mente, ou seja, nossa mente vê os objetos conforme suas noções internas, e é a partir disso que nos relacionamos com o mundo, atribuindo significados e funções a tudo, inclusive sensações de gostar, não gostar, ou ser indiferente. Mudanças na estrutura interna provocam mudanças nos objetos que vemos e nas sensações agradáveis, desagradáveis ou de indiferença que eles provocam.

O conhecimento humano segue o mesmo padrão. As teorias da física, química, matemática, biologia, história, psicologia estão sempre mudando. Na medida em que as teorias mudam, as pessoas olham as mesmas experiências e dizem outras coisas.

A capacidade de atribuirmos diferentes significados às coisas pode ser observada em exemplos bem práticos. Lixo, por exemplo. Plástico, metal, vidro e papel podem apenas ser elementos de poluição do ambiente, ou podem ser reciclados. O elemento é o mesmo, mas mudam o olhar e a ação. Em vez de deixarmos esses materiais no depósito de lixo, podemos reaproveitá-los.

Uma das conclusões da contemplação do Sutra da Perfeição da Sabedoria é que, do ponto de vista da inseparatividade, mesmo as deidades budistas são desdobramentos da mente do observador. São formas de inteligência que ele pode manifestar.

"A mente vê a mente."

Paisagem é uma forma complexa de explicarmos as estruturas internas associadas às inteligências que o observador pode manifestar. O observador constrói e experimenta seu mundo de acordo com a inteligência que estiver utilizando. Estrutura interna é a base que permite descrever o que vemos. O que vemos é a paisagem, mas paisagem também se refere à estrutura interna, porque elas são inseparáveis. Aquilo que vemos e a nossa estrutura são a mesma coisa. Quando

PAISAGEM, MANDALA E REALIDADE DO MUNDO

usamos essa linguagem, dizemos: "Todos nós estamos dentro de alguma paisagem".

Existe uma paisagem onde jogamos lixo dentro do rio e achamos que está bem. Existe outra paisagem onde catamos todo o lixo, e achamos que assim é melhor. Cada paisagem legitima um tipo de ação. O mundo parece concreto, mas é definido pelo olhar, pela paisagem. O mundo é uma expressão de luminosidade e vacuidade.

No caso do lixo, poderíamos pensar: "As pessoas deveriam ser automatizadas a recolher o lixo, deveriam ser punidas se fizessem o contrário, porque todas têm o impulso de jogar fora o que quer que seja em qualquer lugar". Mas também poderíamos ver assim: "Não, se as pessoas se deslocarem para uma outra paisagem, terão outro tipo de comportamento naturalmente e sem punição".

Dentro de certas paisagens, as pessoas cometem ações não virtuosas. Deslocadas para outra paisagem, elas praticam ações positivas. Se tomamos as pessoas como boas ou más, e o mundo como bom ou mau, e não entendemos o processo de criação, de atribuição de significados, tendemos a aprovar as pessoas boas e a condenar as pessoas más, e acabamos tendo surpresas em ambos os casos. Com essa visão, queremos encarcerar todos os maus, e deixar os bons soltos. Aí nos surpreendemos quando aquele que considerávamos mau mostra-se bom, e aquele que era visto como bom revela-se mau.

Em certas épocas, como a atual, parece haver uma epidemia de maldade, de ações negativas. Não nos damos conta de que estamos todos sob o efeito sutil de paisagens internas e externas inseparáveis que nos convidam a ações negativas, e que eventualmente estimulam e constroem ambientes nos quais as ações negativas ocorrem como se fossem algo apropriado.

"Aquilo que vemos e a nossa estrutura são a mesma coisa."

SÍNTESE DA ANÁLISE DO PRAJNA-PARAMITA

"Forma é vazio, vazio é forma; forma nada mais é do que vazio, vazio nada mais é do que forma; do mesmo modo, sensação, percepção, formação mental e consciência são vacuidade; assim, Shariputra, todos os darmas são vacuidade."

Quando Chenrezig faz essa afirmação, ele aponta para o fato de que todos os objetos são vacuidade; não apenas os objetos sólidos, mas todas as experiências. A palavra utilizada para se referir ao conjunto de objetos concretos e abstratos é "darma", com inicial minúscula – no budismo, Darma com inicial maiúscula refere-se aos ensinamentos do Buda. Tudo que pode ser visto pela mente é vacuidade. Temos a experiência de que há um observador contemplando algo. Tudo que pode ser contemplado por esse observador está submetido à avidya, à ignorância, e surge pelo poder da luminosidade. Expressa a vacuidade diretamente. Está submetido à impermanência e se situa no espaço cercado pelas quatro montanhas do nascimento, vida, decrepitude e morte. Todos os darmas são vacuidade. Portanto, podemos ultrapassá-los.

Há uma natureza luminosa que não é afetada por suas próprias construções. Há um controlador tentando manipular suas construções – e que acaba se tornando refém delas – , mas simultaneamente há a percepção de que essa natureza não está submetida à limitação.

Nesse ponto podemos entender o significado da expressão Natureza Vajra como extensão da noção de vacuidade e luminosidade. A realidade é móvel, viva, mágica diante de nós. Essa compreensão substitui o amargor de vermos o que há diante de nós como um engano, como uma incapacidade de ver o que seja "real". Com a noção de natureza vajra, vemos o aspecto lúdico vivo e mágico do "real". Assim, a própria perspectiva do viver a causalidade e a realidade ao redor surge como algo muito brilhante, lúdico, encantador além de espaço e tempo, e traz a possibilidade de nos manifestarmos de forma lúcida e ao mesmo tempo mágica dentro de um mundo também mágico e móvel – desaparece o amargor e o peso, surge Guru Rinpoche.

A linguagem do peso pertence ao reino dos humanos, a linguagem da natureza vajra pertence ao reino dos deuses, as possibilidades de manipulação surgidas da natureza vajra pertencem ao reino dos semideuses.

Essa compreensão torna útil a contemplação dos versos:

Buscando o ponto último

Lama Padma Samten
25 de junho de 2009 - CEBB Darmata

Abra os olhos devagar e veja
A realidade Vajra inteira diante de você
Respire devagar, sem esforço
Nada a ser sustentado,
Nada a ser criado ou visto,
Naturalmente presente
Apenas veja, suavemente.

Quando se perder,
É na realidade Vajra que estará
Não há dois lugares,
Apenas esse.
Sem esforço,
Mandala natural. Veja!

Corpo, energia, mente
Paisagem, Mandala, céu
Natureza Vajra tudo abarca
Sem esforço
Sem tempo
Não é necessário obter algo,
Nem fixar-se. Veja!

O deslocar-se causal
Por dentro da presença Vajra
Torna existente
O que é apenas Vajra
Contemple isso.

O deslocar-se causal
É o deslocar-se Vajra
Não há como perder-se
Ainda assim surge um mundo
Com significado causal;
Fixado a isso
Operamos a realidade Vajra
E não vemos seus atributos completos,
E perdemos a capacidade de ver Vajra.

Nem um, nem outro
Nem entre ou meio
Natureza Primordial — Guru Absoluto
Mãe do Samsara Vajra
Mãe do Nirvana Vajra
Nada a fazer...
Não perca o espetáculo!

Faculdades dos Sentidos e Obstrução

Quando andamos pelo mundo, o que vemos parece completamente natural aos olhos, ouvidos, nariz, língua, tato e mente. Não parece haver limitação. Sentimo-nos dentro de um mundo completo, perfeitamente coerente, mas as alternativas de ação dentro desse mundo são apenas as que pertencem a nosso universo cognitivo limitado. A mente livre torna-se limitada quando passa a operar através dos sentidos. A natureza da mente não é obstruída, mas se torna obstruída pelo tipo de uso que damos a ela.

Não é a mente cognitiva que pensa errado; a mente dos olhos, por exemplo, ao operar, já produz a imagem equivocada que está presa ao loka correspondente ou à paisagem. A visão, ela mesma, ao operar, é veículo da prisão. Isso está associado à responsividade também. A visão surge e a responsividade aparece, na sequência a causalidade fecha a prisão por nos manter ocupados em imaginar ações causais ligadas ao carma e ao loka.

Nesse ponto surge outro tipo de argumentação no Prajnaparamita. Chenrezig diz: "Portanto, Shariputra, na vacuidade não há olhos, ouvidos, nariz, língua, tato e mente". A vacuidade não tem uma estrutura básica. Não há seres humanos, não há órgãos. Não há objetos correspondentes a olhos, ouvidos, nariz, língua, tato e mente condicionada. Não existem mentes associadas a olhos, ouvidos, nariz, língua, corpo e mente; não existe uma mente dividida desse modo. Não há sofrimento, nem causa do sofrimento, nem cessação do sofrimento, nem liberação, nem não liberação, nem sabedoria, nem não sabedoria. Não há ignorância, nem extinção da ignorância, nem todos os demais elos da originação interdependente. A vacuidade é anterior a tudo. Chenrezig olha todas as classes de existência e diz: "Nada disso existe dentro da vacuidade".

Esse é um ponto de grande importância. Os cientistas, por exemplo, acreditam que o mundo é constituído tendo por base leis fundamentais. Na perspectiva budista, tudo surge da vacuidade e luminosidade, e a liberdade original está incessantemente preservada, não há leis causais fundamentais. Na base de tudo está a liberdade original e incessante, além de espaço e tempo, além de vida e morte. Nesse sentido a posição budista entende muito bem todas as trocas de paradigmas e o abandono de antigas visões e teorias por novas abordagens, como observamos na ciência. Os cientistas, por outro lado, buscam sempre uma formulação básica original de onde todas as manifestações surjam. Albert Einstein chegou a afirmar que a existência dessa forma original é uma fé que não pode faltar ao cientista. Em vista disso, Sua Santidade o Dalai Lama diz que os cientistas são crentes, e os budistas são céticos.

"A vacuidade não tem uma estrutura básica. Não há seres humanos, não há órgãos. Não há objetos correspondentes a olhos, ouvidos, nariz, língua, tato e mente condicionada."

O MANTRA INSUPERÁVEL

No Sutra do Coração, Chenrezig diz que os bodisatvas mahasatvas confiam e repousam no Prajnaparamita. Bodisatva mahasatva é aquele que tem a realização completa do Prajnaparamita e repousa na manifestação natural da perfeição da sabedoria, tem a capacidade de olhar para todas as experiências e ultrapassar a prisão que elas propõem. Na perfeição da sabedoria não há nenhuma construção, nenhum referencial transitório. Não existe a dualidade de sujeito e objeto. Por isso se diz que essa sabedoria torna igual o que é desigual.

O mantra do Prajnaparamita é o grande mantra, o mantra insuperável, o mantra que libera todo o sofrimento. Todos os Budas, por seguirem esse mesmo caminho, atingem a liberação completa e insuperável. Por isso, recita-se o mantra:

TADYATA
OM GATE GATE
PARAGATE PARASAMGATE
BODHI SVAHA

O mantra é o som da perfeição da sabedoria. Do mantra decorre a visão da perfeição da sabedoria. Da visão decorre a experiência da paisagem, ou mandala, da perfeição da sabedoria.

De início não temos estabilidade na visão, ela vem em lampejos. Para recuperar a visão voltamos ao texto, até o mantra readquirir novamente seu poder. Quando isso acontece, podemos usar o mantra como veículo de lucidez para superar dificuldades arraigadas.

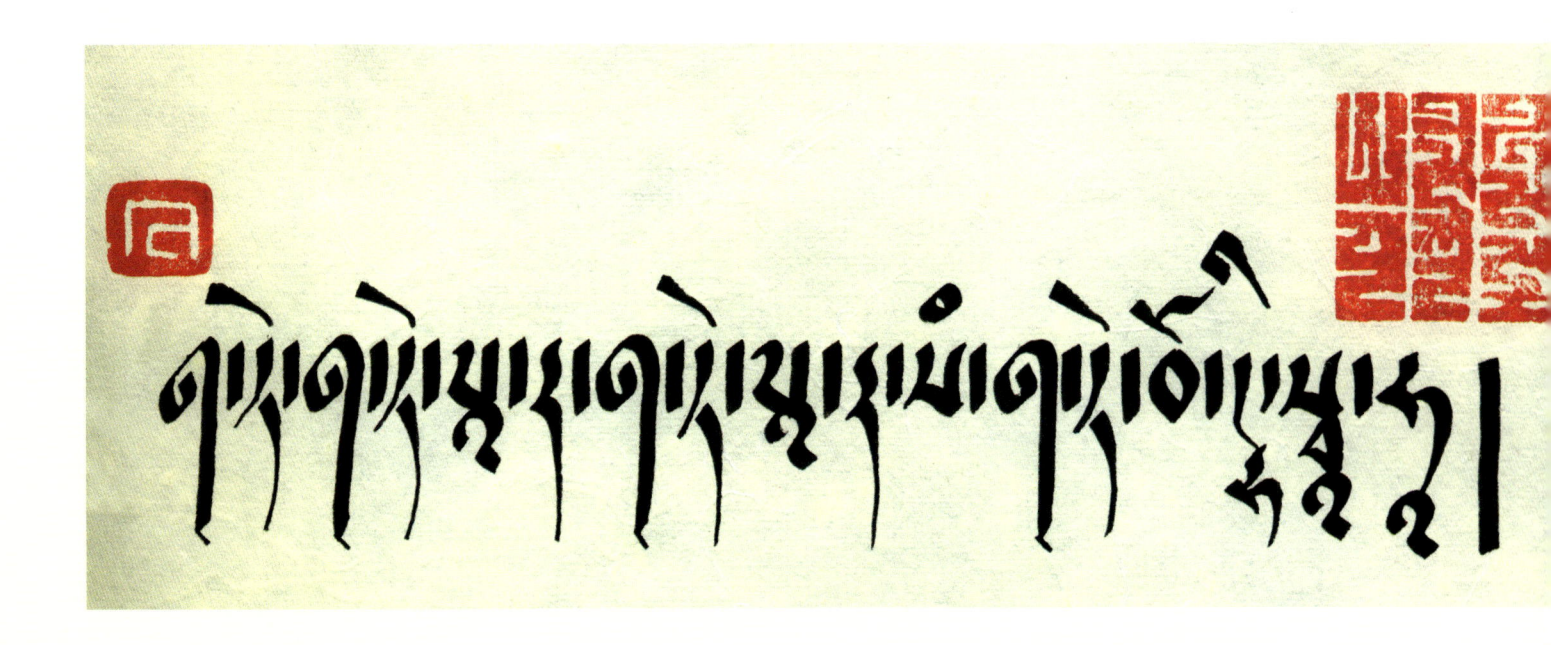

ENERGIAS

Em nossa análise da realidade, devemos incluir, além do aspecto cognitivo, a observação da energia que se manifesta nas experiências. Mesmo que não tenhamos sido introduzidos à meditação de gotas, chakras, ventos e canais, podemos ver essas energias e perceber que certos pensamentos estimulam a energia em uma posição e não em outra.

Quando sentimos raiva, sentimos a presença dessa energia fisicamente. Ela se manifesta de modo inseparável de uma paisagem cognitiva que a sustenta. Para dissiparmos a raiva, basta mudar a paisagem, pois, quando trocamos de paisagem, deslocamos todos os nossos referenciais. Não precisamos fazer a transição gradual da energia através da disciplina, as paisagens têm muito mais força.

A energia basicamente não pertence a nenhum dos chakras ou canais, nem precisa ser classificada como gotas ou ventos, é tão somente um princípio ativo inseparável da natureza última. Quando começamos a estabelecer categorias – por exemplo, energia do chakra básico, energia positiva, energia negativa –, criamos objetos e, com isso, uma situação mais complexa. Não é necessário entrar nessa fisiologia, podemos olhar de forma mais elevada, ultrapassar o processo de aprisionamento de avidya.

Se não ultrapassarmos a separatividade, ficaremos um longo tempo estudando toda essa fisiologia sutil como se fosse sólida, localizando tudo. Aí teremos a sensação de que existe um corpo sutil por trás de tudo, e vamos dar solidez a ele. Ainda que esse corpo sutil exista – como todos nós existimos, e como todas as ruas, e praças, igrejas e estrelas –, ele pertence ao samsara. Então, toda essa fisiologia muito sutil, ainda que real, existe em nível convencional.

Pesquisar todo o nível convencional não vai levar à liberação, apenas nos tornaremos especialistas no nível convencional. É melhor que o caminho venha de cima para baixo. O caminho de baixo para cima é infinito, um labirinto impossível de cruzar. O Prajnaparamita nos permite dar um salto por cima de muitas complicações.

Podemos usar os problemas do cotidiano como tema de meditação do Prajnaparamita. Começamos a trabalhar com os nossos problemas, vendo que eles existem, mas que não têm a solidez que atribuímos a eles, e tudo vai melhorando. Aí começamos a ajudar as outras pessoas, pegando os problemas delas também, e tudo vai melhorando. Nunca faltam problemas, e com isso vamos praticando e liberando.

Não poderemos evitar a morte, por exemplo, mas poderemos utilizá-la como forma de meditação, lucidez e liberação. É importante entender que a prática do Prajnaparamita não tem por objetivo manipular a realidade convencional, e sim atingir a liberação. Algum grau de manipulação pode surgir, mas será apenas parcial, e terminaremos por superar esses enganos também.

"Ainda que esse corpo sutil exista – como todos nós existimos, e como todas as ruas, e praças, igrejas e estrelas –, ele pertence ao samsara."

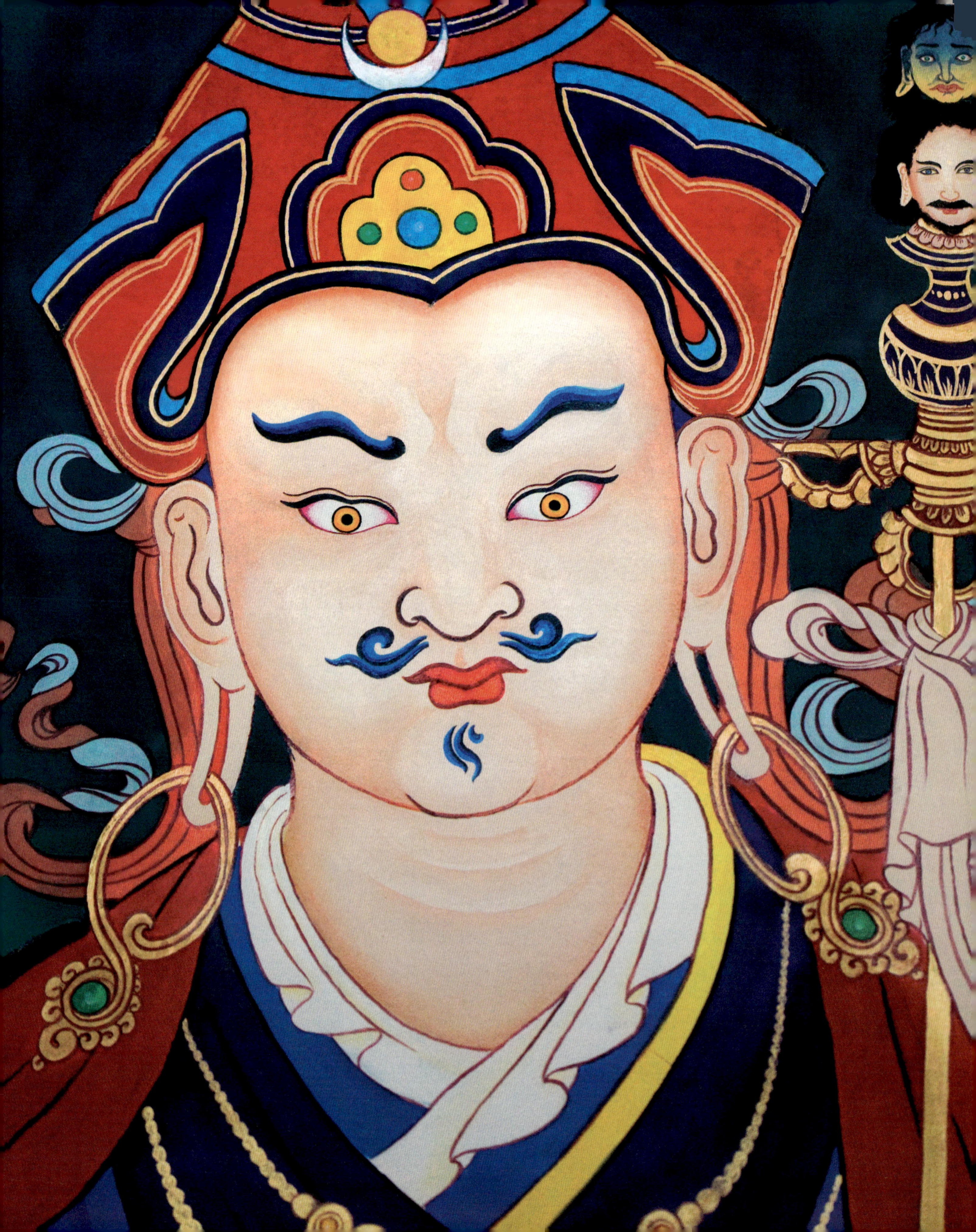

CAPÍTULO V | 133

E MA HO!

CONCLUSÃO

Quando andamos pelo mundo, operamos com responsividade aos estímulos dos sentidos físicos. Usando estruturas cármicas como apoio, construímos realidades com os sentidos físicos e com a mente. Ao olharmos a imagem da Roda da Vida e iniciarmos um processo de imputação ou reificação, vemos um ser terrível, pois atribuímos qualidades e realidade à figura de Maharaja. Isso significa que vemos mais do que de fato há ali. De modo geral não percebemos a imputação, que surge a partir da separação de sujeito e objeto.

Olhamos para manchas de tinta no papel, mas vemos Maharaja. A figura é como que um espelho de nossas estruturas internas. As representações que surgem externamente emergem simultaneamente com nossas estruturas internas; isso é a coemergência de sujeito e objeto. É o aspecto de surgimento da experiência como uma manifestação da luminosidade em conjunto com a vacuidade, a liberdade natural.

Se olhássemos o borrão de tinta no papel que representa Maharaja e disséssemos que se trata do Buda Shakyamuni, seria um engano. A figura no papel é uma delusão, mas tem um significado específico que precisamos identificar de modo correto.

Nossa mente olha a figura de Maharaja, a delusão se manifesta e a mente segue a responsividade: as emoções surgem. Também podemos falar e ter reações na forma de energia, de acordo com o objeto produzido por reificação ou delusão. Cada pensamento tem uma conexão com um nível de energia correspondente.

É um nível sutil, não cognitivo. Como se fosse uma forma universal de comunicação, que se estabelece através das modificações dos níveis sutis de energia em nós e nos outros seres. O som que está além do som. Se vocês não compreenderem o que falo, não haverá de fato nenhuma fala. Se vocês não sentirem o que falo, se não moverem energia nesse processo, não haverá nenhuma comunicação. Essa é a verdadeira fala, inseparável da energia. A "fala" do sol movimenta a natureza, provoca reações em todo o planeta.

Há ainda um nível mais sutil, que é a paisagem. Podemos olhar Maharaja e pensar: esse ser é do bem ou do mal? Diferentes paisagens vão gerar diferentes ações de mente, que produzirão diferentes energias, que, por sua vez, vão causar diferentes condições de corpo. Podemos reconhecer essa operação ou não, mas nos manifestamos desse modo o tempo todo.

Podemos observar um aspecto ainda mais sutil: a possibilidade de termos muitas experiências em corpo, fala, mente e paisagem, de podermos transitar livremente de uma paisagem para outra. Um dicionário tem muitas palavras; porém, para que elas sejam impressas, deve haver uma folha em branco, o substrato que acolhe e sustenta todas as combinações de letras. Da mesma forma, podemos atentar para o fato de que, no fenômeno ilusório da nossa mente, o mais interessante não é o conteúdo, mas o contínuo que não se move e que acolhe a multiplicidade das aparências e das experiências.

Há a mente e a essência da mente. O espelho e as imagens no espelho. Quando olhamos a folha de papel do dicionário, vemos o que está impresso. Ligamo-nos apenas às aparências desenhadas ali, esquecendo de olhar a liberdade não obstruída que originou a construção e que a sustenta. Não nos damos conta de que há uma presença independente das manifestações. Isso é o que os budistas chamam de grande vacuidade, grande pureza. Sempre que um mestre budista referir-se a uma experiência chamada de "última", estará convergindo seus ensinamentos para esse *continuum* incessantemente presente que possibilita todas as experiências.

"Sempre que um mestre budista referir-se a uma experiência chamada de "última", estará convergindo seus ensinamentos para esse continuum incessantemente presente que possibilita todas as experiências."

No Sutra Surangama, o Buda bate no sino e pergunta a um discípulo: "Ananda, você ouve?" Este responde que sim. Quando o sino para de tocar, o Buda pergunta: "E agora... ouve?" Ananda diz que não. E o Buda replica: "Como você pode dizer coisas sem sentido, Ananda?" O Buda repete as batidas de sino e as perguntas várias vezes. Ananda questiona: "Com som, ouvimos; sem som, não ouvimos... não seria assim? Como poderia ouvir se não há som?" No final, o Buda explica que a capacidade de ouvir está sempre presente, independente de haver som ou não. Quando não há som, a capacidade auditiva diz que não há som; quando há som, a mesma capacidade auditiva diz que há som.

O Buda usa a capacidade auditiva para exemplificar a natureza incessante da mente. Se há pensamentos, ideias, imagens, temos a sensação de haver a mente; na ausência de ideias, imagens e pensamentos, a mente como que desaparece. Mas na verdade sua presença é incessante e independente das formas que possam surgir ou deixar de surgir; é como o espaço, que independe da existência dos objetos que o povoam. Isso é lindo e profundo.

Havendo ou não algo manifesto, existe uma natureza fundamental e silenciosa incessantemente presente em nós. É como um lago completamente sereno, onde podemos provocar o surgimento de uma onda com o movimento de nossa mão na água. Mas o fato de surgir essa onda não altera em nada a natureza do lago.

As experiências, as aparências, são as ondas. Mas a base, ou lago, independe das formas que irão surgir na superfície, é incessante. Esse ponto crucial está ligado à prática da lucidez, à capacidade de testemunhar a experiência que vivemos sem ficarmos presos a uma sequência de pensamentos, apenas testemunhar. É fazer surgir um observador que se dá conta da experiência de perceber as experiências.

Podemos transformar qualquer experiência em um objeto de foco desse observador que fazemos surgir. Podemos simplesmente comer, ou testemunhar o que estamos fazendo e sentindo. Apenas por meio desse observador construído artificialmente poderemos terminar por perceber a natureza sempre presente. Mais adiante, superamos a necessidade desse observador, ultrapassando toda a dualidade e toda a meditação fabricada.

O importante é perceber a estabilidade por trás do movimento incessante das formas no mundo. O lago estável é como uma essência completamente receptiva, aberta. Por ser uma força viva, enérgica, pode produzir ondas. A natureza da mente é igual – estável, com a capacidade de produzir objetos. Os budistas chamam essa capacidade de luminosidade da mente. É ela também que dota de qualidades e energia as formas que brotam em sua superfície. É dela que surge naturalmente a sabedoria que nos permite operar no mundo condicionado e, ao mesmo tempo, no mesmo fenômeno condicionado, termos a lucidez de não o solidificarmos e de não ficarmos presos.

Os objetos reconhecidos pelo observador não existem externamente ou por si mesmos. Há uma natureza e uma essência produzindo as aparências. Esse princípio ativo é inseparável da liberdade natural e não obstruída que permite a tudo surgir; essa liberdade natural é a vacuidade. A observação da realidade aparente e da realidade última no mesmo fenômeno é chamada de dupla realidade (tathata em sânscrito).

"As experiências, as aparências, são as ondas. Mas a base, ou lago, independe das formas que irão surgir na superfície, é incessante."

Podemos olhar as coisas como externas e fixas, podemos não reconhecer sua natureza original e sua presença incessante. Isso é a mente comum do mundo. Essa mente convencional classifica todas as experiências como positivas ou negativas. O que é positivo produz felicidade. O que é negativo produz dificuldades e infelicidade.

Mas fora do samsara, da visão convencional, existe o que os tibetanos chamam de kadag, ou grande pureza, onde tudo que surge é compreendido dentro da perspectiva da dupla realidade. A aparência convencional surge, mas surge também o reconhecimento de que a realidade convencional é mutável, incapaz de causar danos à natureza última, do mesmo modo que, não importando quão intensas sejam as ondas, nunca afetarão o próprio mar.

Nessa classe de ensinamentos budistas, considerada a mais elevada, não se busca mais distinguir positivo de negativo. O ponto central é reconhecer que não há uma prisão efetiva nos níveis condicionados de operação da mente. Aproveitamos a aparência convencional da experiência condicionada do mundo para reconhecer a natureza última incessantemente presente. Assim nos liberamos de vida, envelhecimento, morte e renascimento.

O ponto essencial é localizarmos essa compreensão. Não somos os conteúdos, os mundos que enxergamos condicionadamente. Somos naturalmente livres, mesmo quando não vemos a liberdade.

E ma ho! Alegria!

139

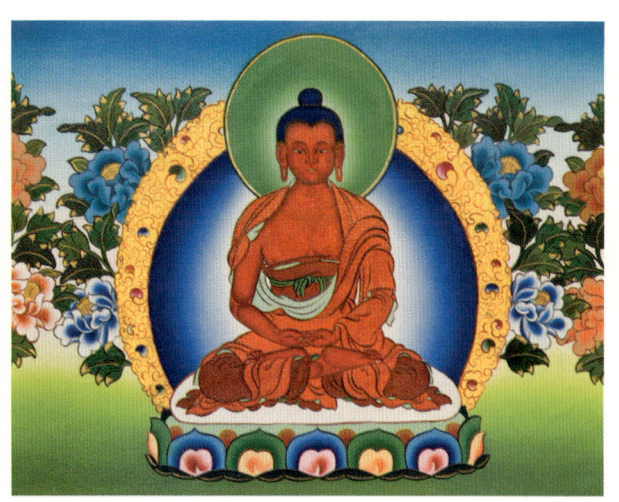

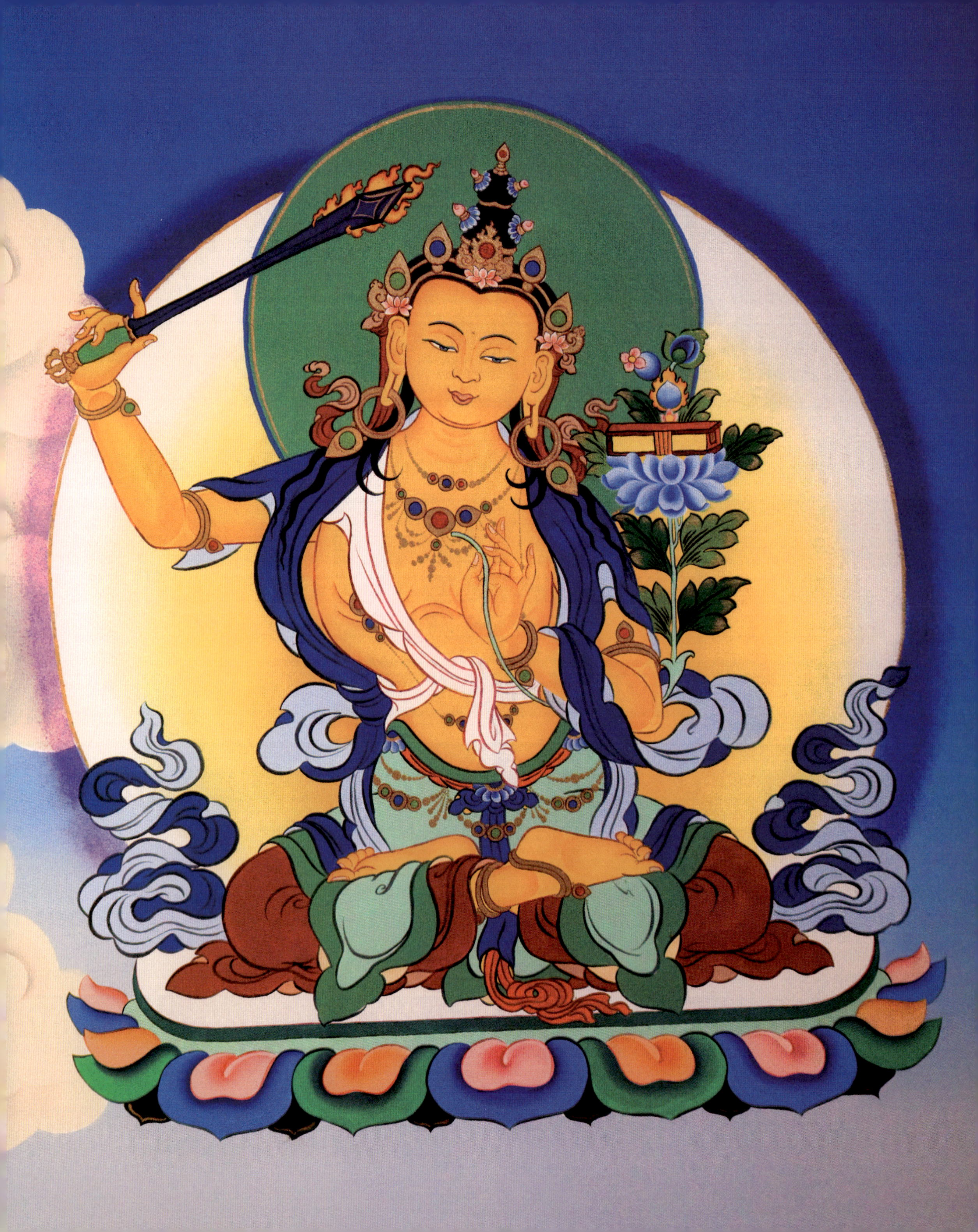

Apêndice 1

OS QUATRO PENSAMENTOS QUE TRANSFORMAM A MENTE E A MANDALA DA LUCIDEZ

A prática do budismo tibetano começa com os Quatro Pensamentos que Transformam a Mente, um conjunto de ensinamentos que constrói a atitude correta para percorrermos o caminho. Esses pensamentos nos retiram de uma condição de inconsciência e inércia e nos permitem entender o potencial positivo de que dispomos, e nos levam a entender a necessidade do caminho e a fonte da lucidez que pode nos ajudar nesse caminho.

Entre as coisas positivas de que dispomos em nosso caminho está a linhagem de transmissão dos ensinamentos como uma inteligência viva que se apresenta diante de nós como o lama. A linhagem se apresenta ainda como formas de inteligência que se manifestam como nossa própria lucidez.

A LINHAGEM

Todos nós temos compaixão em alguma medida, nem que seja apenas pelos seres mais próximos – pelo marido ou esposa, pelos filhos ou por um animal de estimação. Entendemos que esses seres dependem de nós e que podemos fazer coisas positivas para eles. Sentimo-nos felizes em estabelecer essas relações.

Os seres de sabedoria de qualquer religião naturalmente manifestam compaixão muito maior em termos de intensidade e estabilidade. Eles amam todos os seres humanos. Todas as tradições consideram a compaixão uma qualidade disponível em todos os seres, não propriedade de apenas alguns. Podemos ou não nos ligar a ela, mas a compaixão está presente em nós.

Na tradição budista, dizemos que há uma linhagem, ou seja, os seres de sabedoria não só manifestam compaixão, como instruem seus alunos sobre como manifestá-la. Assim, a compaixão é transmitida de uma geração para outra.

Quando somos alcançados por uma linhagem compassiva, descobrimos que já temos isso em nós. Não é como um ensinamento de geografia ou matemática, por exemplo. Bondade, amor e compaixão tocam nosso coração naturalmente porque fazem parte do que somos.

Esse é primeiro ponto: as linhagens existem, estamos protegidos, e há um processo incessante que transmite a informação. Na forma tradicional do budismo tibetano, dizemos: "Homenagem ao lama: a você que conhece". Simples assim! Existe uma linhagem, existe um lama, a pessoa que trará o ensinamento.

A CONEXÃO COM O LAMA

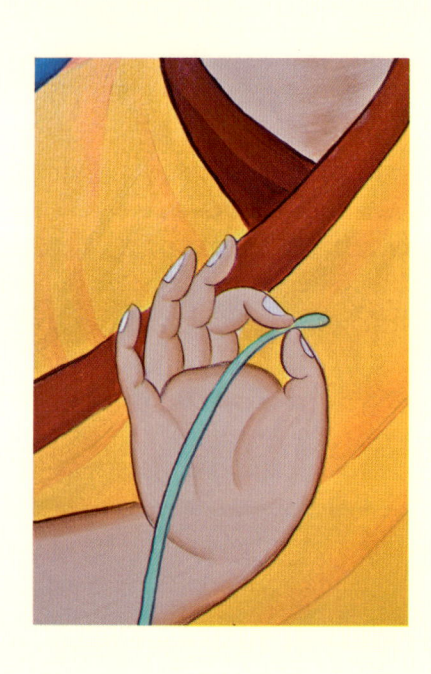

O aparecimento de um mestre em nossa vida é algo extraordinário. Podemos ter contato com várias linhagens, várias tradições religiosas, e um dia ouvimos alguém e sentimos: "É isso! É exatamente o que sempre pensei." Aquela pessoa traduz o que temos dentro de nós, ela nos conecta à linhagem de compaixão com que nos identificamos. Quando encontramos um mestre externo, isso significa que o nosso mestre interior já estava se manifestando. O que não temos dentro de nós não aparece do lado de fora.

Depois de encontrarmos nosso mestre e nos conectarmos a uma linhagem, é aconselhável nos mantermos dentro dela, sem misturar outros métodos. Porém, jamais devemos ser sectários; não devemos achar que a nossa linhagem é melhor que as outras, que nós estamos certos e os outros errados.

No budismo, tomamos nosso lama como fonte de refúgio. Isso porque é ele que abre para nós a mandala de sabedoria, revela o mundo como um ambiente de perfeição onde podemos praticar. Dentro da paisagem de sabedoria descortinada pelo lama, as coisas fazem sentido, e a prática espiritual também. O lama nos introduz nessa mandala e nos conduz por dentro dela – esse é o fato mais importante de nossa vida. Por isso existe a tradição de profundo respeito e dedicação ao lama.

PRIMEIRO PENSAMENTO

A vida humana preciosa e os seis reinos

O primeiro pensamento que transforma a mente refere-se à preciosidade da vida humana. No budismo, os seres sencientes são divididos em seis reinos: deuses, deuses invejosos, humanos, animais, fantasmas famintos e seres dos infernos. Renascer como ser humano é algo extremamente raro – e somente na forma humana temos interesse pelo Darma, pelos ensinamentos do Buda que levam à iluminação.

Os deuses não se interessam pelo Darma porque têm uma vida muito feliz, estão por demais distraídos com seus prazeres para se preocupar com a impermanência, com o dia em que suas vidas vão chegar ao fim e eles terão que renascer em outro reino. Os deuses invejosos querem apenas conquistar o que os deuses possuem e superar uns aos outros, estão sempre envolvidos em guerras e disputas. Os animais são obtusos, não têm capacidade para ouvir os ensinamentos, sua única atividade são os esforços pela sobrevivência. Os fantasmas famintos ocupam-se unicamente em tentar suprir suas imensas carências. E os seres dos infernos vivem em completo sofrimento e tortura e não veem por onde sair dessa situação, ou nem estão interessados em fazê-lo, se sentem prazer em torturar os outros.

Os humanos têm condições de ouvir os ensinamentos porque têm inteligência e estão sempre em busca da felicidade. Como a impermanência manifesta-se em nossa vida a intervalos relativamente curtos, estamos sempre alternando felicidade e sofrimento, o que aumenta as chances de ficarmos receptivos ao Darma.

Para que isso aconteça, precisamos de várias condições. A primeira delas é viver em uma era em que haja ensinamentos. Não devemos pensar que o Darma exista sempre e em quaisquer condições. Nossa era é considerada muito afortunada porque houve o aparecimento de um Buda, e ele não só deu ensinamentos, como esses ensinamentos perduraram. O Buda poderia não ter vindo, mas veio. Poderia não ter dado ensinamentos, mas deu. Os ensinamentos poderiam não ter perdurado, mas perduraram.

Além disso, precisamos ter acesso aos ensinamentos, ou seja, nascer em um local onde eles estão disponíveis. Precisamos ter as faculdades físicas, mentais, sociais e ambientais que nos permitam aprender e praticar, e precisamos estar interessados nisso, precisamos estabelecer uma conexão.

É interessante observar que no reino humano podemos manifestar as características dos seres de outros reinos, o que inviabiliza a conexão com os ensinamentos budistas. Aqueles bem-sucedidos em seus esforços de sedução, manipulação dos destinos dos outros seres e capazes de atingir seus objetivos mundanos autocentrados com facilidade vivem como deuses, inebriados pela felicidade transitória. Aqueles extremamente dedicados a esforços competitivos e movidos pela ganância, incessantemente ocupados com objetivos autocentrados, que invejam os deuses e querem derrubá-los, vivem como deuses invejosos, sendo poderosos, mas intranquilos e infelizes. Aqueles cuja vida é comer, dormir e procriar, com uma visão muito limitada em termos de tempo e espaço, espelham a condição dos animais. Aqueles dominados pela experiência de necessidades urgentes muito superiores aos seus méritos vivem como fantasmas famintos, imersos

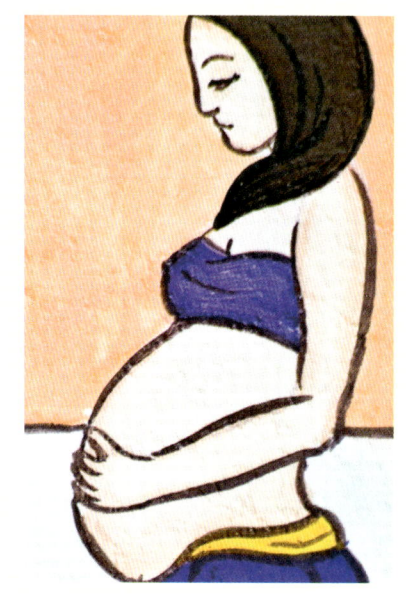

"Renascer como ser humano é algo extremamente raro – e somente na forma humana temos interesse pelo Darma, pelos ensinamentos do Buda que levam à iluminação."

em sensações de sofrimento, incapacidade e desamparo. Aqueles cuja felicidade parece surgir do sofrimento alheio e aqueles dominados pelo medo e por abusos vivem a experiência dos seres dos infernos.

A vida humana naturalmente valiosa torna-se preciosa quando aproveitamos as condições favoráveis de nosso renascimento com a motivação de atingirmos a liberação e beneficiarmos todos os seres.

SEGUNDO PENSAMENTO
Impermanência

O segundo dos quatro pensamentos que transformam a mente diz respeito à impermanência. A vida humana é preciosa, mas transitória. Mesmo sendo extraordinária, ela cessa. E as condições favoráveis de nossa vida também podem cessar: o Darma pode desaparecer na região onde vivemos, podemos perder a saúde, ser arrastados por outras prioridades, ficar sob o poder de pessoas hostis ao Darma, e de uma hora para outra perder a conexão com os ensinamentos — todas essas coisas podem acontecer devido ao nosso carma. A impermanência nos ronda. Até mesmo monges e mestres podem perder a conexão, cometer ações não virtuosas e ser arrastados por negatividades.

Os seres humanos existem há cerca de 20 mil anos, o que é quase nada em relação aos cinco bilhões de anos do sistema solar e da Terra, ou aos 15 bilhões de anos que se atribui ao universo. Nesses 20 mil anos, temos uma história registrada de 5 mil anos de civilização. Nos últimos cem anos, houve transformações dramáticas na humanidade.

A nós tudo parece muito sólido, mas a história que existia até cem anos atrás praticamente já cessou. Estamos vivendo outros tempos, e tudo se passa com enorme rapidez. A impermanência está aí, por isso ouvimos a recomendação de praticar agora, imediatamente, pois não temos controle sobre esse processo. A impermanência reforça a importância de nossa vida preciosa, de refletirmos sobre o que fazemos e de não perdermos tempo.

TERCEIRO PENSAMENTO
Carma

O terceiro pensamento trata do carma. Temos carmas primários e secundários.

Os carmas primários são estruturas internas de resposta automatizada e condicionada que inevitavelmente dão origem a sofrimento. Os pesadelos revelam nossos carmas primários. Podemos sonhar que estamos caindo, nos afogando, trancados dentro de uma caixa, que alguém nos persegue ou ameaça. Essas situações aflitivas nos assustam; acordamos sobressaltados e relaxamos ao ver que era um pesadelo; contudo, ao pensar no pesadelo vamos sentir o desconforto de novo, e novamente nos tranquilizar ao nos darmos conta de que aquilo não está acontecendo.

Podemos usar o cinema para fazer uma varredura nos carmas primários – filmes de terror e suspense nos causam calafrios. Aquilo não está acontecendo, mas o carma primário é acionado, e as cenas nos deixam de cabelo em pé.

Os carmas primários tornam-se vivos quando surgem as condições secundárias. Nos filhos isso é visível quando a mãe diz: "Arrume sua cama! Tome banho!" É horrível.

Há pessoas em quem o trânsito faz brotar o carma secundário. Uma sequência de sinais fechados, um engarrafamento ou motoboys causam um enorme mal-estar.

Estamos cheios de carmas primários, que, ao encontrar as causas secundárias, levam-nos a eventuais ações não virtuosas. Por exemplo, brigar com a mãe por deixar o quarto em desordem, ou cruzar o sinal vermelho, ou dar uma fechada no motoboy. Acontece por impulso e gera uma grande complicação.

Existem situações gravíssimas, como o abuso de crianças dentro de casa, na maior parte dos casos por pessoas da família. Não podemos pensar que essas pessoas sejam negativas, elas são da família, há relações positivas. No entanto, existem carmas primários que, de acordo com as condições secundárias, podem dar origem a ações terríveis.

Todos nós temos carmas primários e podemos exercer ações negativas se surgirem condições secundárias. Uma vez que a ação negativa foi feita, é de difícil desmontagem. A ação negativa dá origem ao quarto pensamento que transforma a mente.

"A impermanência reforça a importância de nossa vida preciosa, de refletirmos sobre o que fazemos e de não perdermos tempo."

QUARTO PENSAMENTO
Sofrimento

O quarto pensamento que transforma a mente é o sofrimento. O carma primário não é visto, só se torna visível ao surgirem as causas secundárias, e aí nos surpreendemos com o que somos capazes de fazer. Vemos presos que dizem: "Eu não sou assim!" A pessoa sofre pelo que fez, tem vergonha, arrepende-se, aquilo foi um impulso do momento.

Na visão budista, por mais grave que seja a ação não virtuosa, não diremos que a pessoa é um monstro, veremos que seu ato é a manifestação de um carma. Mas, seja como for, o carma se manifesta, e surge o sofrimento derivado da ação cármica. Esta, tendo sido feita, vai conduzir ao sofrimento. Não queremos esse sofrimento; por isso, devemos estar atentos às nossas ações de corpo, fala e mente. Podemos controlar nossas ações, mas não o resultado delas.

REFÚGIO

No budismo, tomamos refúgio para dispor de um referencial interno seguro que nos mantenha estáveis e a salvo, para que não percamos os ensinamentos quando as condições negativas se manifestarem. Embora tenhamos a condição humana preciosa e a conexão com uma linhagem de transmissão dos ensinamentos, nossa posição é frágil, pois somos ameaçados pela impermanência e temos a estrutura de carmas primários que podem se manifestar sob certas condições.

Na ausência da possibilidade de tomar refúgio, oscilamos. Tomar refúgio significa a capacidade de direcionar nossa ação dentro da existência condicionada. Significa que somos livres do carma e das identidades, que podemos exercer nossa liberdade. Tomar refúgio em quê? Na natureza tal como ela é. Não é tomar refúgio em alguém, mas na natureza ilimitada.

Porém, tradicionalmente, tomamos refúgio em um lama. Acontece que o conceito de natureza ilimitada é por demais abstrato para a maioria das pessoas. Assim, o lama é um representante da natureza ilimitada. Por isso dizemos: "Tomo refúgio no lama, que é as Três Joias". Quando o lama desaparecer, estaremos refugiados nas Três Joias. Não há diferença. Essa é a forma adequada de entendimento. Não tomamos refúgio na pessoa do lama, mas nas Três Joias, que tentamos ver através daquele ser à nossa frente. Se não conseguirmos ver, não há como tomar refúgio nelas. Podemos até criar uma relação pessoal com o lama, mas isso não é refúgio. Refúgio é quando o Buda interno, nossa natureza de sabedoria, começa a aflorar, e por isso somos capazes de ver as Três Joias no lama. Se não conseguimos ver nele essas qualidades, vemos um ser comum.

Um lama em carne e osso ajuda porque ele fala, tem maior proximidade. Como temos dificuldade de localizar o lama interno, é necessário o surgimento de um lama externo, que entra em ressonância com a nossa natureza interna. O refúgio no lama externo é o caminho que nos leva ao ponto último da natureza ilimitada; esse caminho se chama Guru Yoga. Não se trata de um caminho de aprisionamento a alguém, mas um caminho que usa a liberdade para atingir a liberdade final. No ponto final de Guru Yoga, encontramos o Buda interno como nossa natureza incessante e sempre presente.

Olhamos as Três Joias, e tomamos refúgio no Buda como expressão da nossa natureza, daquilo que não nasce, não morre, que está além de espaço e tempo, nome e forma. Quando, nos ensinamentos mais profundos, contemplamos isso, vemos esse Buda como a nossa natureza incessante, sempre presente. Como percebemos que ela é incessante? Podemos ter sonhos, aflições, podemos dormir e ter várias situações no cotidiano. Estamos sempre vivendo alguma coisa. Essa é a explicação mais fácil de natureza incessante; o sonho é incessante; o conteúdo do sonho não é importante, o que importa é ver o processo luminoso, o processo de atribuição de significados, de identidades, operando sem cessar. Isso é a continuidade. A palavra tantra é traduzida às vezes como *continuum*. Há uma continuidade, é quase fácil de perceber. É claro que precisamos associar essa continuidade à noção de vacuidade, porque é uma continuidade de sonho. O que experimentamos pode ser pensado de diferentes maneiras, mas estamos sempre experimentando uma versão, um aspecto quase onírico. Estamos sempre no meio de um sonho.

Por isso dizemos que toda a realidade é luminosa, no sentido de que está ligada inexoravelmente a uma interpretação que brota inseparável de nossa estrutura interna. O mundo externo brota inseparável de nossas estruturas de carma. Aquilo que brota dentro de nós, vemos brotando fora, por meio da coemergência. Desse modo percebemos que há algo incessante.

No budismo, dizemos que as experiências não cessam com a morte; outras tradições religiosas dizem o mesmo: uns vão a julgamento, outros para mundos celestiais, outros para o inferno. O importante é que, qualquer que seja o ambiente, há uma continuidade de consciência. É a noção de tantra, há um fio que vai nos levando e não é interrompido.

"Tomar refúgio em quê? Na natureza tal como ela é. Não é tomar refúgio em alguém, mas na natureza ilimitada. Olhamos as Três Jóias, e tomamos refúgio no Buda como expressão da nossa natureza, daquilo que não nasce, não morre, que está além de espaço e tempo, nome e forma. Quando, nos ensinamentos mais profundos, contemplamos isso, vemos esse Buda como a nossa natureza incessante, sempre presente."

Dizemos que essa natureza é incessante. Estamos falando do Buda em um sentido muito amplo. Essa natureza incessante é luminosa, apresenta sempre diferentes aparências e versões da realidade. Incessante e luminosa, ela é não obstruída e autoliberta; as obstruções surgem e cessam sucessivamente. Ela é naturalmente desobstruída, nenhuma obstrução altera sua qualidade básica de liberdade. Ela é não dual, portanto.

REFÚGIO NA MANDALA DO BUDA

Nesse ponto da prática tomamos refúgio no Buda, como natureza incessante e luminosa. Tomamos refúgio no Darma, como os ensinamentos do Buda. Tomamos refúgio na Sanga, como uma energia que emana do próprio Buda.

Quando meditamos juntos, a mandala se abre e começamos a ver diferente. Manter o refúgio é manter essa visão da mandala onde quer que estejamos. Perder o refúgio significa sair da mandala e entrar em uma paisagem de aflição. Não se trata de uma paisagem física, é uma visão lúcida da natureza incessante, luminosa e inseparável do conteúdo dos fenômenos condicionados. Podemos ir a cemitérios, prontos-socorros, a qualquer lugar, e levar a mandala.

Olhando do ponto de vista da mandala, é mais fácil vermos o lama como o Buda, o Darma e a Sanga, como as Três Joias, pois o papel do lama é chegar onde ninguém tem experiência de mandala e abri-la. Seu papel é não só abrir a mandala, como expandi-la e ajudar a preservá-la. Essa mandala não é criada pelo lama. É a mandala do Buda.

A diferença da mandala do Buda em relação a outras paisagens é que, quando a encontramos, percebemos que ela sempre existiu. Não é fabricada. As outras paisagens são fabricadas. A mandala do Buda é totalmente abrangente, não há fenômeno que ela não inclua. As outras paisagens tratam de algumas coisas, mas não tratam de outras. É por isso que os mestres dizem que precisamos ver com lucidez, ver a realidade como ela é. Assim veremos a mandala como ela é, não fabricada.

UM BUDISMO LIVRE DE SI MESMO

O budismo é liberdade. O grande caminho budista é como um rio que faz um longo trajeto e se dissolve no oceano da natureza última. Nesse oceano não há sofrimento, nem extinção do sofrimento, não há causas do sofrimento, não há caminho para a extinção do sofrimento, não há realização nem não realização, não há sabedoria nem não sabedoria. Há a natureza ilimitada, o oceano que sempre esteve presente.

APÊNDICE 1 | **149**

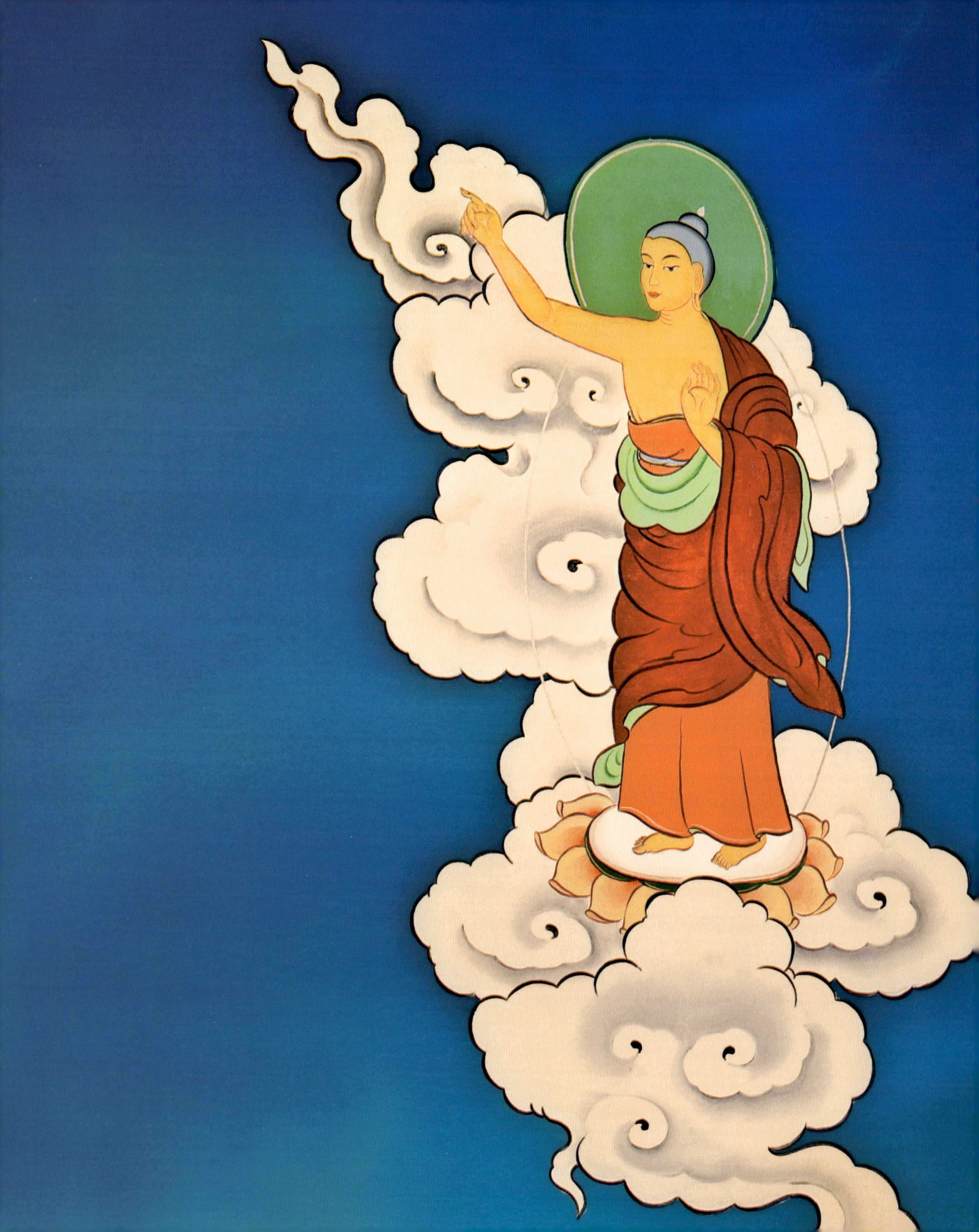

Apêndice 2

CULTURA DE PAZ

Dentro do budismo, a responsabilidade universal e a cultura de paz surgem como meios hábeis extraordinários para o benefício de todos os seres – a começar por nós mesmos. Para nós budistas, a melhor forma de relacionamento com todos os seres é a prática da bondade, amor e compaixão. Cuidar dos outros é a única forma de garantir o nosso próprio bem-estar, pois todos estamos interligados, dependemos uns dos outros.

Todos os seres buscam a felicidade e tentam evitar o sofrimento. Não se trata de uma característica exclusiva dos humanos, ela é identificada também nos animais e plantas. Todos os seres buscam sempre o que possa garantir sua sobrevivência da melhor maneira possível e tentam evitar as ameaças. Na existência condicionada, tudo tem início, meio e fim, tudo é impermanente. Como tudo está sempre mudando, surge o conceito de positivo e negativo. Vemos certas coisas como benéficas para nossa busca pela felicidade, e outras como prejudiciais, capazes de gerar sofrimento. E muitas vezes o que era positivo torna-se negativo depois de um tempo, e vice-versa.

Do ponto de vista convencional, o budismo aceita a noção de positivo e negativo. Mas, do ponto de vista absoluto, existe a compreensão de que nossa natureza não pode ser afetada pelas circunstâncias que afetam nossas identidades e nosso corpo. Portanto, do ponto de vista da natureza última, não há nada que nos derrube, nos afete, nos destrua.

Também não consideramos que as pessoas possam ser divididas entre boas e más, nem trabalhamos com o conceito de culpa, de que as pessoas devam ser responsabilizadas diretamente por suas ações negativas. Trabalhamos com o conceito de que, se andarmos de maneira apropriada, colheremos o que desejamos: felicidade e segurança.

Essa é a perspectiva geral dos ensinamentos. Vamos ter ensinamentos provisórios e outros definitivos. Os ensinamentos relativos e direcionados à cultura de paz serão, pelo menos no início, provisórios. Dizem respeito ao mundo condicionado, onde, esquecidos do que somos verdadeiramente, nos ligamos a um corpo e dizemos: "Eu sou este corpo". Ainda que nosso corpo mude, continuamos a dizer: "Eu sou este corpo". Também dizemos: "Eu sou a minha identidade". Apresentamo-nos com nosso cartão de visitas: "Eu sou isso". Ainda que tenhamos muitos diferentes cartões, e tenhamos nos apresentado de formas diferentes no passado, dizemos: "Agora sou isso". E talvez não tenhamos nenhuma desconfiança de que não somos realmente aquilo.

Desse modo, se nossa identidade vai mal, nos sentimos muito aflitos; se nosso corpo está mal, nos sentimos muito aflitos, e nos guiamos por essas aflições. Acreditamos que, se seguirmos o que parece favorável e escaparmos do que parece desfavorável, atingiremos a felicidade. Vocês devem ter percebido que, dentro dessa perspectiva, ninguém obteve sucesso até hoje. Certas pessoas podem ter obtido muitos resultados, mas nunca o pleno sucesso.

Isso porque giramos dentro do que chamamos de experiência cíclica, sem solução. Buscamos a felicidade em coisas impermanentes, que inevitavelmente chegam ao fim e, quando isso acontece, vem o sofrimento. O budismo ensina que não adianta procurar a felicidade permanente no samsara, na existência condicionada. Precisamos ir além, procurar em outro lugar.

AS DIFICULDADES

Nesse momento, estamos imersos em uma versão de cultura de paz que apresenta problemas. Temos graves dificuldades na questão ambiental, tanto na exploração dos recursos naturais como na poluição. Temos também graves falhas em termos de indivíduos e sociedade. Estamos em uma cultura que permite e eventualmente estimula várias coisas negativas, desde hábitos alimentares nocivos e consumo de substâncias tóxicas até questões como corrupção e violência.

Assim, o nosso grande barco da cultura de paz tem furos no casco e está fazendo água. Algumas pessoas acreditam que os furos estão permitindo a entrada de um tal volume de água que as bombas não estão dando conta, e o barco está afundando. Para elas, esse processo não tem como ser contido, ou seja, a sustentabilidade da vida no planeta não tem solução. Outras pessoas vão dizer: há soluções. Outras ainda dizem: havendo ou não solução, farei a minha parte. Eu me incluo entre essas. Se houver solução, espero contribuir de alguma forma, e se não, já estamos salvos: é apenas um barco, há o grande oceano, nossa natureza não será efetivamente afetada, seja pelo que for.

Nossa cultura de paz precisa de alguns ajustes. Precisamos fechar os furos do casco do barco. Para fazer isso, já temos tudo de que precisamos: uma natureza ilimitada e luminosa, capaz de construir e de mudar as coisas, e a motivação de alcançar a felicidade e nos livrarmos do sofrimento. Precisamos entender que o barco é um só, e que vamos flutuar ou afundar com ele, todos juntos. Quando percebemos que as coisas que estamos fazendo para ter felicidade e evitar o sofrimento não funcionam, ficamos dispostos a mudar. Mas mudar como?

Dentro da visão limitada, de certo e errado, temos o hábito de julgar e culpar. E aí brigamos uns com os outros. No caso dos furos no casco de nosso navio, as pessoas podem se dividir em grupos e trocar acusações mútuas: "Foram vocês que fizeram o furo!", "Aquele grupo deveria ser jogado da amurada!" A noção de exclusão está muito arraigada dentro de nós, temos a tendência de ver todos que não são iguais a nós como inimigos. A história das civilizações está repleta de exemplos de nações que consideravam os outros povos bárbaros. Até hoje é assim.

No budismo, não trabalhamos com a noção de que exista um centro do mal, ou um complô para afundar o navio, ou seres que desejem infelicidade e sofrimento. Por isso, não vamos querer excluir ninguém. Os comportamentos não são perfeitos, mas podem mudar. Todos temos a natureza ilimitada, temos receitas que funcionam e outras que não funcionam, e então temos que aprimorar os nossos processos.

Dentro da noção de responsabilidade universal, o que vamos fazer? Vamos cuidar para que nossas ações sejam menos agressivas e mais positivas. Quando agimos assim, ficamos mais felizes. Se pensamos que trazer benefício aos outros é um problema, e que arrancar as coisas dos outros ou jogá-los pela amurada é melhor, o casco do barco começa a se romper. A sustentabilidade fica afetada.

> "No budismo, não trabalhamos com a noção de que exista um centro do mal, ou um complô para afundar o navio, ou seres que desejem infelicidade e sofrimento. Por isso, não vamos querer excluir ninguém."

AS SOLUÇÕES

As pessoas autocentradas e que tentam arrancar coisas dos outros ficam aflitas, pois sentem-se cercadas de inimigos. Elas de fato cultivam inimizades e negatividade, e isso vai gerando isolamento, dificuldade para conviver com os outros e consigo mesmo. A agressividade torna-se um hábito. Os amigos e parentes tentam ajudar, mas é muito difícil. Vocês provavelmente já devem ter procurado ajudar pessoas que estão afundando no meio das aflições. É complicado porque, para nós, não há razão nenhuma para aquela aflição, mas o ser aflito está povoado de condições negativas e não vê solução.

Por outro lado, se desenvolvermos relações positivas com os outros, nos sentiremos mais felizes. Teremos identidades melhores, desenvolveremos pensamentos e atitudes positivas, vamos nos alimentar melhor, ter melhor saúde, tudo melhora. Desenvolver relações positivas não significa que vamos concordar com tudo. Em certos casos, precisamos desenvolver uma posição firme contra negatividades. Um bom exemplo é a educação de nossos filhos: deixar que façam tudo que quiserem jamais seria uma relação positiva.

Essa compreensão é a compreensão da cultura de paz, e ela tem uma recomendação específica e prática: devemos estabelecer relações positivas conosco, com os outros seres, com o ambiente social e com o ambiente natural. A qualidade básica por trás dessa recomendação é a estabilidade inseparável do conceito de liberdade. Nesse caso, liberdade significa não ser arrastado pelas situações, mas poder dirigir a própria ação com lucidez.

Se uma situação negativa nos aflige e perturba, perdemos a lucidez, não conseguimos dirigir nossa ação, somos levados pela responsividade. Quando mantemos a estabilidade, não somos afetados, mantemos nossa liberdade e lucidez, não adotamos atitudes de exclusão e revide.

Algumas pessoas conseguem mover-se em meio à negatividade sem atitudes de exclusão e de revide por terem uma fé profunda, e outras por terem uma lucidez muito grande. O melhor é juntar fé e lucidez. Nesse caso, temos a certeza intuitiva da fé associada ao raciocínio lúcido.

Esse é o conceito de cultura de paz. Poderíamos ensiná-lo aos nossos filhos nas escolas, mas a melhor forma de fazê-lo é viver esse princípio. Nosso objetivo é que as pessoas possam refletir sobre isso. Que elas percebam que podem se recriar como pessoas melhores adotando outra maneira de se relacionar consigo mesmas, com os demais seres, com a sociedade e com o ambiente. Vivendo na cultura de paz, vemos

"...devemos estabelecer relações positivas conosco, com os outros seres, com o ambiente social e com o ambiente natural. A qualidade básica por trás dessa recomendação é a estabilidade inseparável do conceito de liberdade. Nesse caso, liberdade significa não ser arrastado pelas situações, mas poder dirigir a própria ação com lucidez."

todos os seres como aliados: como nós, eles querem felicidade e não querem sofrimento. Não excluímos os seres imersos em negatividade, nem sentimos aversão por eles.

Índice remissivo de ilustrações

Buda, 6, 84, 139, 150
   → *detalhe*: 13
Caminho do Meditante, 87
   → *detalhe*: 91, 92, 95, 96
Chagdud Tulku Rinpoche, 11
Chenrezig (*Avalokiteshvara*)
   → *detalhe*: 2, 14, 105, 106, 107,
Cubo, 41, 45
Dalai Lama, S.S., 149
   → *detalhe*, 142
Diani Budas, Cinco
   → *Amogasiddhi*, 139
   → *Akshobia*, 6, 139
   → *Amythaba*, 84, 139
   → *Ratnasambhava*, 139
   → *Vairochana*, 139
Dragão, 155
Guru Rinpoche
   → *detalhe*, 130
Manjushri, 140
Prajnaparamita, 100
   → *detalhe*, 43
   → *mantra, alfabeto U-me*, 17, 129
Kutunsangpo com consorte, 138
Roda da Vida, 21
   → *detalhe*: 13, 24, 34, 39, 84, 99, 150
Os 12 Elos da Originação Interdependente:
   → 1 ❦ avidya, 40
   → 2 ❦ samskara, 46
   → *detalhe*, 49
   → 3 ❦ vijnana, 50
   → 4 ❦ nama-rupa, 52
   → *detalhe*, 55
   → 5 ❦ shadayatana, 56
   → *detalhe*, 59
   → 6 ❦ sparsha, 60
   → 7 ❦ vedana, 62
   → *detalhe*, 65
   → 8 ❦ trishna, 66
   → *detalhe*, 67
   → 9 ❦ upadana, 68
   → *detalhe*, 71
   → 10 ❦ bhava, 72
   → *detalhe*, 75
   → 11 ❦ jeti, 76
   → *detalhe*, 79
   → 12 ❦ jana-marana, 80
   → *detalhe*, 83
Os três reinos superiores:
   → reino dos deuses
   → *detalhe*, 26, 27, 28, 36
   → reino dos semideuses
   → *detalhe*, 27
   → reino dos humanos
   → *detalhe*, 9, 10, 29, 37, 38, 39, 143, 144, 145, 151
Os três reinos inferiores:
   → reino dos animais
   → *detalhe*, 30
   → reino dos pretas
   → *detalhe*, 30
   → reino dos infernos
   → *detalhe*, 31
Os três animais:
   → galo, cobra e javali, 25

CENTRO DE ESTUDOS BUDISTAS BODISATVA

O CEBB oferece estudos dos ensinamentos budistas e prática de meditação em salas em mais de 50 cidades brasileiras, além de nos seguintes Centros de Retiro:

CEBB Caminho do Meio (Viamão-RS)

CEBB Darmata (Timbaúba-PE)

CEBB Alto Paraíso (Alto Paraíso de Goiás-GO)

CEBB Recôncavo (Santo Amaro da Purificação-BA)

CEBB Mendjila (Canelinha-SC)

CEBB Sukhavati (Quatro Barras-PR)

CEBB Bacopari (Bacopari-RS)

CEBB Jetavana (São Francisco de Paula-RS)

Para mais informações, acesse:
www.cebb.org.br

Outros livros do autor:

MEDITANDO A VIDA, ed. Peirópolis, 2001.
JOIA DOS DESEJOS, ed. Peirópolis, 2001.
O LAMA E O ECONOMISTA, ed. Rima, 2004.
RELAÇÕES E CONFLITOS, ed. Mandala do Lótus, 2006.
MANDALA DO LÓTUS, ed. Peirópolis, 2006.

Acesse nossa loja e confira cds e dvds sobre a Roda da Vida, Psicologia Budista, os 12 Elos da Originação Interdependente, além de outros temas e produtos: WWW.LOJA.CEBB.ORG.BR

O mestre budista Padma Samten tem auxiliado inúmeras pessoas em suas vidas e relações cotidianas, com ensinamentos que dialogam com as mais diversas áreas do conhecimento. Graduado em física, Alfredo Aveline, como foi batizado, fez mestrado em física quântica e ensinou na Universidade Federal do Rio Grande do Sul (UFRGS) entre os anos de 1969 a 1994. No início dos anos 1980, intensificou seu interesse pelo budismo e em 1996 foi ordenado lama – título que significa líder, sacerdote e professor – por seu mestre, o tibetano Chagdud Tulku Rinpoche. Em Viamão (RS), onde reside, está situada a sede do Centro de Estudos Budistas Bodisatva (cebb), fundado em 1986 e dirigido por ele. Seu trabalho está voltado à orientação das atividades de seus alunos através do estudo, da prática de meditação, de retiros e, sobretudo, pelo auxílio na compreensão da espiritualidade e da cultura de paz como caminho para o desenvolvimento de boas relações com o meio ambiente. O Lama Samten ensina o budismo com uma linguagem acessível e alegre, baseada nas experiências do cotidiano. Suas atividades são pautadas pelos princípios do não sectarismo, da responsabilidade universal e da cultura de paz. Também atua no estabelecimento do diálogo inter-religioso e na união com movimentos sociais e ecológicos.

Outros livros do autor:
Meditando a Vida
Joia dos Desejos
O Lama e o Economista
Relações e Conflitos
Mandala do Lótus

Acesse nossa loja e confira cds e dvds sobre a Roda da Vida, Psicologia Budista, os 12 Elos da Originação Interdependente, além de outros temas e produtos:
www.loja.cebb.org.br

Acesse www.rodadavida.cebb.org.br e veja uma lista de sites úteis para saber mais sobre budismo, além de material complementar a este livro.

Este livro foi composto utilizando as fontes Filosofia de Suzana Licko e Vista Sans de Xavier Dupré, e impresso em papel couché fosco 115 g/m² pela Mundial em 2021.

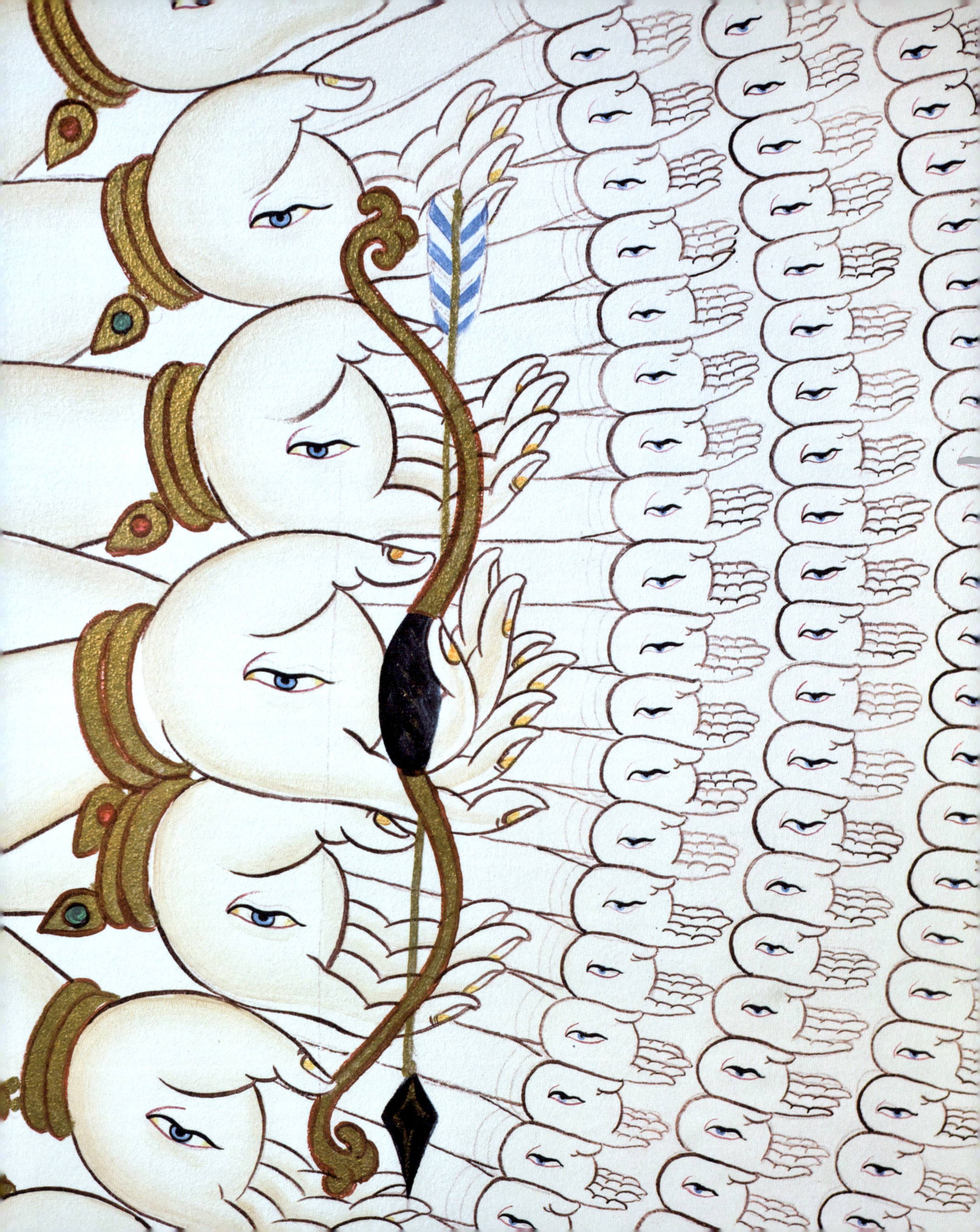

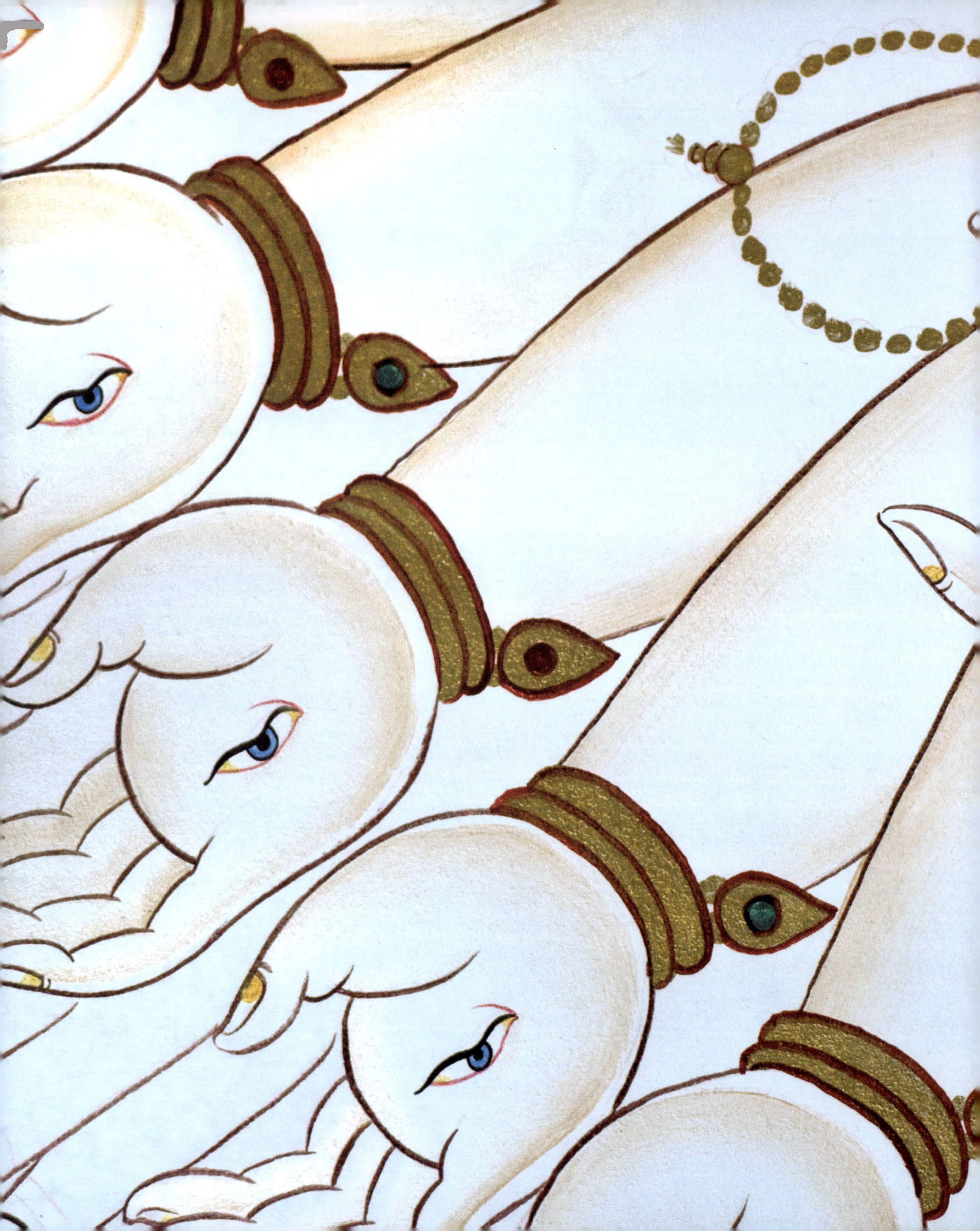